新视野·文化遗产保护论丛

博物馆的观众服务

单霁翔 著

图书在版编目（CIP）数据

博物馆的观众服务 / 单霁翔著 .—天津：天津大学出版社，2017.10（2024. 5 重印）
（新视野 · 文化遗产保护论丛 . 第三辑）
ISBN 978-7-5618-5964-3

Ⅰ . ①博… Ⅱ . ①单… Ⅲ . ①博物馆事业—观众—服务模式—中国 Ⅳ . ① G269.23

中国版本图书馆 CIP 数据核字（2017）第 258809 号

策划编辑 金　磊　韩振平
责任编辑 郭　颖
装帧设计 谷英卉

出版发行 天津大学出版社
地　　址 天津市卫津路 92 号天津大学内（邮编：300072）
电　　话 发行部：022-27403647
网　　址 publish.tju.edu.cn
印　　刷 永清县晔盛亚胶印有限公司
经　　销 全国各地新华书店
开　　本 148mm × 210mm
印　　张 8.25
字　　数 190 千
版　　次 2017 年 10 月第 1 版
印　　次 2024 年 5 月第 2 次
定　　价 58.00 元

自序：把工作当学问做 把问题当课题解

“新视野·文化遗产保护论丛”出版在即，出版社嘱我写一个自序。心怀往昔，愿以时间为轴写出自己简短的感言，希望聚焦有启迪意义的文化历程，也希望表达充满真情实感的“乡愁”。

2011年8月25日清晨接到通知，我将要离开工作近10年的国家文物局，到故宫博物院工作。消息突然，没有精神准备。记得当天上午工作日程是在中国文化遗产研究院做专题报告。一路上，10年来的工作情景在脑海中闪过，想到在走向新的岗位之前，应该对以往工作进行回顾，负责任地进行工作交接，于是到会场后便放弃了已经准备好的多媒体演示内容，改为讲述参与中国文化遗产保护的体会，将近两个小时的畅谈，仍感意犹未尽，充满着回望与寻觅的思绪。

如今看来，当年的工作状态可谓“不堪回首”。就在接到通知那天之前的一周内，还经历了“南征北战”的过程：8月18日在吉林长春为市、县政府领导培训班做文化遗产保护报告；8月20日在西藏拉萨参加中国西藏文化论坛；8月21日在四川雅安参加茶马古道保护研讨会；8月23日和24日在福建福州分别参加全国生态博物馆、涉台文物保护总体规划评审，国家水下文化遗产保护中心福建基地启动，三坊七巷社区博物馆揭牌等活动。

一周数省，这就是当年常态化的工作状况。是什么力量支撑着自己一路前行？除了文物人“敢于担当、乐于奉献”的情结外，恐怕最主要的就是“把工作当学问做、把问题当课题解”的工作方法。不断出现的问题、不断凸现的矛盾和不断涌现的挑战，将时间撕裂成一块块“碎片”，甚至一天之内要进行几次“脑筋急转弯”。如果不能针对闪过的想法及时停下来思考、面对发现的问题及时静下来反思，就会陷于疲于应付、不堪重负的境地。城乡建设大规模展开的时期，必然是文化遗产保护最紧迫、最关键的历史阶段。只有“把工作当学问做、把问题当课题解”，才能在复杂的情况下，夯实基础，居安思危，防患未然；在困难的情况下，深思熟虑，心中有数，底气十足；在紧急的情况下，头脑清醒，敢于直面，坚守底线。

“把工作当学问做、把问题当课题解”的工作方法，需要持之以恒，读书、思考、写作、归纳，早已成为每天的必修课。无论是在考察途中的汽车里，还是在往返的飞机上，抑或是在家中的书桌前，以电脑为伴，将考察的感想、调研的体会、阅读的心得及时记录下来。正是因为这一次次的梳理思绪、深化认识，长期下来，居然积攒下上千万字的记录，包括论文、报告、访谈、提案，林林总总，其中既有“一吐为快”的真实感受，也有“深思熟虑”的肺腑之言，还有“临阵磨枪”的即席表达。将它们汇集起来，既是一个时期实践经验的点滴记载，也是一个时代文化遗产事业的综合纪实，还是一个文化遗产保护工作者不息生命的心灵写作。面对这些海量且繁杂的“原生态”记录，早已萌生出按照内容进行分类归纳的愿望。所幸天津大学出版社伸出援手，以“新视野·文化遗产保护论丛”为名，按照不同内容进行分辑分册，涉及文化遗产保护基础建设、文化遗产保护项目实施和文物博物馆事业发展等诸多方面。

一路走来，吴良镛教授的学术思想始终像一座灯塔照亮我前行的方向。“把工作当学问做、把问题当课题解”，源于吴良镛教授所倡导的“融贯的综合研究”理论框架。就是力图从更广阔的视野、更深入的角度，分析和梳理文化遗产之间的内在联系，探索和建立新的文化遗产类型和相应的保护方式，使制约文化遗产事业发展的重点、难点和瓶颈问题不断得以有效解决。实践证明：文化遗产保护、城市文化建设、博物馆发展，在方法上、尺度上、内容上虽然各有不同，但是三者有着共同的研究对象，三位一体进行“融贯的综合研究”，则可以呈现出中国特色文化遗产保护的新视野。

从1984年进入城市规划部门以来已经30余载，从1994年进入文物系统以来也已经20余年，其间有不少令人难忘的回忆。有幸在职业生涯的最后一站，来到故宫博物院，一方面继续享受紧张工作带来的压力和挑战，另一方面得以将几十年来积累的体会应用于具体实践。今天，更为突出的感受是，只有“把工作当学问做、把问题当课题解”，且加强全程管理，才能使每一项工作都与细节管理挂起钩来，把桩桩件件事情都做得细之又细，才能获得持续发展的后劲。

北京时间2014年6月22日15时19分，从卡塔尔首都多哈传来喜讯，在第38届世界遗产委员会会议上，中国大运河被列入《世界遗产名录》。30分钟后，跨国联合申报的“丝绸之路：长安—天山廊道的路网”也顺利通过评审。作为大运河和丝绸之路保护与申报的参与者和见证者，我格外激动和自豪。2015年5月5日，从文化遗产保护现场又传来好消息，世界文化遗产——大足石刻千手观音造像抢救性保护修复工程竣工，看到“前方”传来修复后的美轮美奂的千手观音造像影像，我激动不已。回想2008年“5·12汶川大地震”后的第8天，我们从四川地震重灾区赶到重庆大足，看望已经800岁高龄的千手观音造像，看到早已满目疮痍的文物本体又被地震殃及，当即决定开展抢救保护工作，将其列为石窟类保护的“一号工程”，如今千手观音造像再现“慈祥的微笑”，得以功德圆满。的确，每当昔日的努力成就今日的收获，都是文化遗产保护工作者最幸福的时刻。

2006年6月10日，我们曾以无比喜悦的心情迎来了中国第一个“文化遗产日”。10年的奋争，10年的坚守，10年的耕耘，10年的收获。再过半个多月，我们又将以无限期待的心情，迎来中国第十个“文化遗产日”。谨以“新视野·文化遗产保护论丛”献给这一节日，献给长期以来用智慧和汗水呵护文化遗产的文博同人，祝愿祖国的文化遗产永葆尊严；献给长期以来用真情和热心关注文化遗产的社会民众，祝中华文化遗产事业蓬勃发展。

2015年5月25日

目录

全社会共同努力把博物馆免费开放这件好事办好 /007

在全国文化遗产保护宣传讲解大赛闭幕暨颁奖仪式上的讲话 /012

在北京地区博物馆纪念馆免费开放工作调研座谈会上的讲话 /015

在山西博物馆免费开放调研座谈会上的讲话 /020

在“‘指南针计划’进校园”活动启动仪式上的致辞 /026

博物馆的社会责任与改善民生 /029

向媒体通报故宫博物院观众接待情况 /072

在邮政服务开通仪式上的讲话 /079

在故宫博物院与国家大剧院合作框架协议书签约仪式上的讲话 /081

博物馆免费开放实践的回顾与思考 /083

从“服务民众”到“依靠民众”——博物馆社会服务理念的提升 /109

关于故宫博物院服务水平的提升 /133

从重“物”到“人”“物”并重——博物馆社会服务理念的提升 /139

从服务“观众”到服务“公众”——博物馆社会服务理念的提升 /163

提升博物馆讲解服务质量的思考 /184

博物馆使命与文化生活质量提升 /205

博物馆使命与文化公共权益保障 /236

全社会共同努力把博物馆免费开放这件好事办好[①]

（2008 年 3 月 6 日）

博物馆实行免费开放，吸引更多的公众走进博物馆，既是保障人民基本文化权益的具体体现，也是使社会文化生活更加丰富多彩的具体实践，还是新时期博物馆履行自身社会职责，构建公共文化服务体系，促进文化发展繁荣的具体行动。经过统筹谋划，《关于全国博物馆、纪念馆免费开放的通知》正式发布，表明博物馆、纪念馆向社会免费开放工作已经启动，首批列入免费开放的 500 家博物馆、纪念馆，将于今年 3 月底之前，实现向全社会免费开放。

目前，各地博物馆向社会免费开放的消息接踵而至。在浙江省博物馆、湖北省博物馆率先实现免费开放的基础上，天津市的 6 家博物馆于今年新年前向社会免费开放，南京博物院、福建博物院于今年春节期间向社会免费开放，辽宁省博物馆、黑龙江省的 4 家省属博物馆、中国人民革命军事博物馆也已于近日相继免费开放。如今，免费开放的博物馆、纪念馆参观人数成倍增长，引起社会广泛关注。一位天津观众留言“博物馆免的是一张门票的费用，奉献给社会的是一颗温馨的心。博物馆用行动作精神文明的表率，感召社会”。

① 此文为在全国政协十一届一次会议上的书面发言。

湖北湖北省博物馆

为保证免费开放顺利实施，各地文物部门和博物馆深入调查国内外博物馆免费开放的做法和经验，系统梳理免费开放可能面临的新情况、新问题，明确免费开放的工作目标、实施原则、推进步骤、经费需求和保障措施，创造了一系列新鲜经验。例如一些博物馆制定了《免费开放实施办法》《观众文明参观须知》及《免费开放安全工作预案》等免费开放的相关制度和管理办法；一些博物馆采取了“免费不免票”和限制馆内参观人数的方式，合理控制观众流量，以确保观众人身安全、文物安全和场馆设施设备安全；一些博物馆对现有展馆进行全面检修、维护，完善应急事件处理机制，以解决免费开放初期可能面临的各种复杂问题；一些博物馆实施定点、整点安排专业讲解员免费为观众提供讲解服务，以便把免费开放工作做得更好，更符合观众需求。

毕竟，实施如此大规模的博物馆、纪念馆免费开放，在我国并无先例，在世界范围内也属首创。为把这项惠民工程抓紧抓实抓好，国家文物部门加大了对博物馆、纪念馆免费开放工作的检查、监督力度，指导博物馆、纪念馆开展科学测算评估，改进服务和管理工作，提升展示和讲解水平。同时，博物馆免费开放也希望得到全社会的理解和支持。

首先，通过免费开放进一步宣传普及博物馆文化。博物馆是公共文化服务体系的重要组成部分，它利用直观、形象、感染力强的特点，向公众传播自然、历史、考古、艺术、科学和综合人文信息，是人们陶冶情操、启迪智慧、提高文化修养的重要场所。免费开放，无疑有利于博物馆文化的普及。但是在免费参观时，观众也同样需要接受考验，考验自己如何以实际行动维护公共道德，考验自己如何使行为举止与博物馆文化相协调。譬如前不久福建博物院免费开放之初，自然历史展厅因发生观众损坏展品和部分标本遗失等情况，不得不关闭修整，这一方面说明博物馆的展品安全预案和管理工作尚不到位，另一方面反映出部分观众的道德素质有待提高。因此，建议在对博物馆免费开放的宣传中，要向全社会普及正确的博物馆文化知识，增进公众对博物馆的了解和认知，正确树立“感受博物馆”“享受博物馆”的理念，引导公众文明科学地参观博物馆。

其次，通过免费开放进一步将博物馆融入社会生活。随着人民生活水平的不断提高，文化日益成为社会生活的重要组成部分，高品位、高质量和健康向上的文化消费已经成为民众的热切期盼。如今文化生活伴随着全球化、信息化的发展而出现急剧变化，特别是一些青少年沉溺于网络世界，热衷于“过洋节”，出入于“麦当劳”，他们正在以一种前所未有的亲昵态度，认同着另一种与他们从未有过血脉之亲的文化。实践证明，博物馆作为传承文化遗产的殿堂，是构建先进文化、弘扬民族精神的主要阵地。免费开放已经使更多的公众走进博物馆，使民众的文化体验比以往更加便利，同时也加快了博物馆融入社区、融入校园、融入社会的步伐。因此，各博物馆在免费开放后，所办展览和相关活动应该更加贴近实际、贴近生活、贴近群众，使博物馆成为倡导健康文化生活，增进中华传统文化认同感，抵御低级、庸俗、落后的文化消费倾向，建设先进文化的积极力量。

然后，通过免费开放进一步将博物馆纳入国民教育体系。博物馆展览涉及历史、地理、文学、艺术等众多知识，是十分丰富的教学资源。对于正处在价值观形成时期的青少年，博物馆是最生动、最深刻的教育场所。通过发挥博物馆的教育职能，向学生们介绍广泛分布的各类文化遗产，传达继承传统、捍卫文明、传递和平、合作发展的文化遗产精神，使充满热情又富有想象力的青少年，通过博物馆教育充分感受中华传统文化的魅力，激发民族自尊心和自豪感。博物馆与学校、图书馆等其他社会教育机构相互配合，并将其纳入社会教育网络，对于普及科学文化知识，提高公民文明素质，具有十分重要的意义。因此，建议伴随博物馆免费开放，相关部门应将博物馆的公共教育职能纳入国民教育体系，研究出台具有针对性的政策措施，将博物馆教育列入学校教育、教学计划，纳入中小学德育、美育和综合实践活动等课程，建立长期有效的馆校联系制度，真正实现教育资源的共享共用。

最后，通过免费开放鼓励多渠道资金支持博物馆发展。博物馆属于公益性文化事业范畴，目前，我国公益性文化事业单位所处的宏观经济政策环境，以及呈现的生存、发展状态，还不能适应市场经济体制的要求。特别是在我国国有博物馆居于主导地位，在坚持政府公益性投入主导的同时，迫切呼唤国家宏观政策及立法部门会同财税部门，针对公益性文化事业的经济政策尽早做出调整和改善，使免费开放后的博物馆得到切实到位的政策支持，由政府和社会各方面共同关注其健康发展。因此，建议博物馆实行免费开放的同时，相关部门制定允许企业以税前所得支持博物馆发展的优惠政策；比照一些发达国家的成功做法，在国家公益性事业基金中增设用于文化遗产保护和博物馆发展的彩票基金；研究制定博物馆文化产品经营收入税收优惠政策，促进博物馆依托文物藏品、陈列展示推出各类文化产品，拓展和衍生文化传播功能，便于观众“把博物馆带回家”。

在全国文化遗产保护宣传讲解大赛闭幕暨颁奖仪式上的讲话

（2009 年 12 月 13 日）

经过大家的共同努力，庆祝中华人民共和国成立 60 周年全国文化遗产保护宣传讲解大赛即将圆满结束。

这次讲解大赛以讴歌中华人民共和国成立 60 周年文化遗产事业的光辉历程为主题，以展示新时期全国讲解员队伍专业素质和精神风貌为目标，在充分交流讲解艺术、宣传文化遗产保护的丰硕成果的同时，促进全国讲解员队伍之间的交流与合作，共同推动全国讲解工作进一步蓬勃发展，使本次讲解大赛真正成为全国讲解员队伍提升实力、展示形象的一次盛会。本次讲解大赛规模宏大、参与广泛、形式新颖、内涵丰富、组织严密、评审公开、效果显著，对于提升博物馆的展示、教育和服务水平，促进我国博物馆事业科学发展，具有十分积极的意义。

在本次大赛的过程中，参赛省市对比赛十分重视，赛前普遍组织了专题培训，开展了选拔赛，精心挑选出能够代表本省市最高讲解水平的优秀选手参赛。各位选手都把比赛当作交流和练兵的大好机会，进行了深入的学习、精心的准备，强化了基本功训练。一批知识型、研究型、复合型的讲解人才通过大赛崭露头角。这次比赛可以说是赛出了风格，赛出了水平，赛出了成绩。在此，我谨代表国家文物局，向比赛的成功举办和取得优异成绩的各位讲解员们表示热烈祝贺，向关心、支持博物馆事业的有关部门和社会各界表示衷心感谢！

宣传教育与讲解服务是博物馆的重要文化功能之一。讲解员是联结博物馆与社会、观众的纽带和桥梁。讲解员水平的高低，讲解工作开展得好坏，是衡量一个博物馆品质的重要尺度。当前，博物馆实行免费开放后，要进一步创新体制机制、创新内容形式、创新展陈手段，提高服务质量和水平，努力把博物馆建设成为爱国主义教育的重要阵地，广大民众文化鉴赏、愉悦身心的精神家园，青少年增长知识、陶冶情操的第二课堂，中外游客踊跃参观的重要景点，对外文化交流、推动中华文化走出去的重要窗口，学术研究和科普教育的重要平台。两天前，国家文物局专门在郑州召开了全国博物馆“三贴近”工作座谈会，会议对全面提升我国博物馆的展示、教育、服务工作水平提出了一系列新的任务，特别是对博物馆宣传教育与讲解服务工作提出了更高的要求。

广大博物馆工作者在宣传教育与讲解服务工作中，要加强学习和研究，加深对中华民族灿烂文化的理解与认识，合理、有效地运用各种社会教育手段，真实反映展览陈列的主题；要深入普通民众的日常生活之中，顺应客观现实，把握社会主流，提炼博物馆社会教育的主题，将社会生活作为博物馆社会教育的源泉；要坚持以人为本，增强讲解过程中语言表达的通俗性，改变过去不易被民众接受的话语体系和话语特点，使之与公众的语汇对接起来、沟通起来、共鸣起来；要加强讲解员队伍建设，认真选拔和严格培训，使之真正成为精神文明的宣传员，历史知识、科学知识的传播者；要努力探索多种行之有效的宣传教育手段，动员社会力量参与博物馆宣传教育活动，进一步开创社会教育工作的新路子。

本次大赛虽然已经落下帷幕，但加强博物馆宣传教育与讲解服务的工作还任重而道远。讲解比赛是对讲解工作的回顾、总结和检阅，在比赛中力争上游，努力争取好成绩固然重要，但是并不是最终目的。比赛的根本目的在于通过参赛，促使讲解人员及时发现问题，找出差距，积极向先进学习和看齐，进而推动工作水平的提高。希望大家继续发扬比赛中所表现出来的奋发向上、顽强拼搏和爱岗敬业精神，以这次比赛为契机，与时俱进，开拓创新，进一步加强学习，紧密结合工作实际，刻苦钻研和熟练掌握讲解技能，不断提高自身综合素质。只有这样，我们的讲解水平才能越来越高，讲解工作才能越做越好，才能大幅度提高博物馆的社会教育和服务水平，发展和普及博物馆文化。

在北京地区博物馆纪念馆免费开放工作调研座谈会上的讲话

（2010年5月6日）

实施博物馆、纪念馆向全社会免费开放，是着眼于满足广大民众日益增长的精神文化需求，更好地保障民众基本文化权益，提高公共文化服务能力，做出的一项重大决策。自2008年1月《关于全国博物馆、纪念馆免费开放的通知》发布以来，截至2009年年底，文化文物系统1444个博物馆、纪念馆，全国爱国主义教育示范基地全部实现免费开放，约占文化文物部门归口管理的公共博物馆、纪念馆和全国爱国主义教育示范基地总数的77%。每馆平均观众量比免费开放前增长了50%。

全国博物馆纪念馆免费开放工作会议

实践证明，博物馆免费开放符合广大民众的热切期盼，有利于实现和保障民众的基本文化权益。同时，免费开放也为博物馆事业发展提供了前所未有的机遇，有利于推动博物馆自身的发展。2010年1月，中宣部、财政部、文化部和国家文物局又联合印发了《关于进一步做好全国博物馆、纪念馆免费开放工作的意见》(以下简称《意见》)，再次召开全国博物馆、纪念馆免费开放工作会议，对深化博物馆、纪念馆免费开放工作提出了明确要求。

此次联合调研的目的，就是为了了解贯彻落实《意见》和会议精神的情况，总结经验，找准问题，提出改进的建议和措施，切实推进博物馆、纪念馆免费开放工作的健康发展。两年来，各地博物馆、纪念馆有计划地向社会免费开放，引起强烈的社会反响，产生了广泛的社会效益，体现了博物馆的公益性质及政府筹建博物馆的宗旨和方向，各级政府的高度重视，国家和地方财政的大力支持，社会和公众的热切关注，标志着博物馆事业发展已站在一个新的平台和基础之上。

与此同时，我们也应清醒地认识到，目前，从总体情况看，我国博物馆的社会服务意识和能力还有待增强，与时代的要求、广大民众的期盼、博物馆建设的先进理念还有很大的差距。例如，一些博物馆在经历了免费开放初期的人满为患之后，由于展览等文化产品缺乏持续的吸引力，又悄然回归门庭冷落。如何使展览和服务更加具有针对性，更富有特色，是博物馆长期面对和必须解决的突出难题。不少人士担忧，博物馆运营经费由财政负担，如果缺少激励机制，是否会回到“吃大锅饭”的时代，成为一个养懒人的地方。如何提高博物馆运行的专业化、科学化水平，使博物馆得以健康的发展，将成为博物馆免费开放成功与否的关键所在。

要居安思危，增强忧患意识，正视免费开放后面临的挑战，牢牢把握新的发展机遇，根据免费开放后的新形势，重新思考博物馆的各项工作，做出及时恰当的调整。要认真落实四部门《意见》的要求，加强调查研究，采取有力措施，积极创新体制机制，强化博物馆的社会教育和服务职能，以全新的工作理念和传播方式面向社会，将更具吸引力和感染力的精神产品奉献给大众。

（一）加强规划提升博物馆质量，扩大博物馆的社会影响力。要结合“十二五”规划制定，加强研究，坚定不移地在丰富品类、突出特色、提升质量上创新举措，以自身资源优势和社会发展需求为基础，实事求是，因地制宜，统筹兼顾，合理布局。要着力于完善现有博物馆的社会功能，根据地域文化特征和博物馆自身优势，创建特色明显的博物馆文化品牌，使之成为功能齐全、设施完善、作用突出的文化中心。同时调整博物馆建设的结构布局，鼓励科技、艺术等类型以及民办博物馆的建设与发展，特别是填补空白的各类博物馆建设，避免“千馆一面”和重复建设。

（二）推进体制机制创新，进一步增强博物馆活力。要将体制机制创新作为深化博物馆免费开放工作的重中之重，纳入各地文化体制改革的重点任务中，将博物馆建设成为现代公益事业主体，使其发展活力明显增强，更好地适应新形势的需要。要参照中央地方共建国家级博物馆工作的原则，统筹规划，积极指导本地区博物馆的体制改革和机制创新，在提高博物馆管理和研究、展示水平上创新举措，使博物馆在本地区的社会、文化、经济建设中发挥更大的作用。

（三）大力提升陈列展览水平，增强博物馆文化的吸引力。要深入研究、准确把握和努力适应社会公众的精神文化需求，不断创新博物馆陈列展览内容和形式，把专业性和知识性、学术性和趣味性、科学性和观赏性有机结合起来。现代科技手段的运用要以学术要求为主，以展品安全保护为主，以突出展示展品的内涵和魅力为主，避免博物馆陈列展览的“迪士尼化”，避免花费巨大、牵强附会的大场景制作。要精心组织举办展览等形式多样的文化活动，积极探索能够更好表现展览内容的展示方法和设计，突出博物馆的文化和学术氛围。要积极学习、借鉴国内外有关博物馆管理与运行的先进理念和实践经验，使公众能够真正“感受博物馆”“享受博物馆”。

（四）强化社会教育职能，发挥博物馆公益性文化设施的作用。要完善开放服务制度。加强讲解队伍建设，将具有丰富的历史文化知识、专业造诣深厚的人员充实到讲解队伍中去，全面提升博物馆、纪念馆宣传教育工作水平。加强对青少年的服务，积极探索建立将博物馆纳入国民教育体系的长效机制，通过与学校、图书馆等其他社会教育机构相互配合，构建社会教育网络，为普及科学文化知识，提高公民文明素质服务。

（五）大力发展文化产品，延伸博物馆文化传播功能。要将博物馆文化产品研发纳入文化产业发展规划，作为文化创意产业的重要内容，发挥政府资金和财税优惠政策支持的优势，给予重点扶持。要积极开展馆际合作、跨领域以及跨区域合作，以博物馆、纪念馆文化创意为核心，以国内外市场营销和消费群为导向，培育一批博物馆、纪念馆文化产品研发的示范项目和基地，创造一批具有区域特色、在国内外有竞争力的创意品牌。同时，要避免文化产品同质化和低水平重复生产，应根据观众不同层次的文化需求，尽快研究制定相应的生产机制。

（六）加强管理和指导，确保免费开放工作的可持续发展。文物行政部门要以研究解决免费开放对博物馆管理、运行带来的问题为突破口，系统总结，深入调研，制定博物馆免费开放的管理办法、运行标准等相关规章制度，形成法律规范、行业主导、各相关部门协作、社会积极参与的博物馆管理工作新格局，不断提高博物馆运行和开放服务水平。要健全评价机制，以一级博物馆评估为重点，完善以展示教育、开放服务为核心的博物馆质量评价体系，探索适应博物馆管理运行特点的考核指标体系和责任追究制度。要加强博物馆、纪念馆管理运行绩效评估，评估结果作为有关部门对博物馆实行动态管理的依据，并及时公布免费开放博物馆、纪念馆的名单、展览、观众、资金投入使用等情况，保障公众知情权，并发挥舆论监督作用。要以开放的思维，积极创造有利条件，最大限度地动员社会各方面力量支持、参与博物馆建设，提高博物馆的社会化管理水平。

在山西博物馆免费开放调研座谈会上的讲话

（2010年5月11日）

博物馆向全社会免费开放，是着眼于满足广大民众日益增长的精神文化需求，为更好地保障民众基本文化权益，提高公共文化服务能力做出的一项重大决策。2008年1月，中宣部、财政部、文化部和国家文物局印发了《关于全国博物馆、纪念馆免费开放的通知》。截至2009年年底，文化文物系统1444个博物馆、纪念馆、全国爱国主义教育示范基地全部实现免费开放，约占文化文物部门归口管理的公共博物馆、纪念馆和全国爱国主义教育示范基地总数的77%。每馆平均观众量比免费开放前增长了50%。

全国范围内实施博物馆免费开放，无疑是世界博物馆发展史上的伟大壮举，是全国博物馆的一次前所未有的共同行动。这个壮举和行动有三个重要的基础。一是国家层面的支持，2008年博物馆免费开放仅中央财政划拨专款就达12亿元，2009年增加到20亿元；二是各级政府层面的重视，各地宣传、财政、文物部门实现协作联动；三是各博物馆层面的努力，积极发挥主人翁精神，切实保证免费开放的安全、规范、有序。为了把博物馆免费开放这件好事办得更好，2010年1月，四部门又联合印发了《关于进一步做好全国博物馆、纪念馆免费开放工作的意见》，召开全国博物馆纪念馆免费开放工作会议，对深化博物馆、纪念馆免费开放工作提出了明确要求。

为系统总结博物馆免费开放两年来的经验和做法，对免费开放政策及其成效进行评估，提出改进工作的意见和建议，我们四部门组成 10 个调研组，从 4 月下旬至 5 月，集中开展全国性的专题调研活动。我们这一组负责北京、内蒙古、山西、天津的调研工作。调研组在山西实地考察了大同市博物馆、山西博物院，还参观了晋商文化博物馆等博物馆，开展了问卷调查，今天又召开山西博物馆免费开放调研座谈会，听取有关部门和博物馆、纪念馆的汇报，内容丰富，收获很多，启发很大。

山西历史悠久，文化遗产资源极其丰富，发展博物馆事业条件得天独厚。在山西省政府的高度重视和支持下，在省文物局的具体指导下，近年来山西省的博物馆工作，从文物藏品的征集到科学研究、科技保护，从陈列展览到教育传播、社会服务，特别是这两年实施博物馆、纪念馆免费开放，都取得了显著成绩。山西省博物馆系统免费开放工作所取得的成绩，是山西省政府高度重视和支持的结果，是山西宣传、财政、文物部门精心组织的结果，是各博物馆积极进取，努力拼搏的结果。山西博物院以其较强的综合实力和社会影响力，于 2009 年被财政部和国家文物局列为首批中央地方共建国家级博物馆的培育对象。

我们亲身感受到，山西省努力落实博物馆、纪念馆免费开放工作的要求，加强免费开放的各项保障，切实抓好免费开放这一惠民工程。如加强制度建设，完善安全和服务设施，努力实现精细化管理；提升展陈水平，努力发挥博物馆在社会教育、文化宣传、休闲娱乐等方面的功能；积极策划和推出时代特色鲜明、文化精品荟萃的高水平展览项目，研发具有吸引力的观众参与项目和特色鲜明的旅游纪念品；不断拓展服务领域、方式和手段，提供更加人性化的服务设施和服务项目，努力满足免费开放后社会公众多层次、多方面、多样式的文化需求，都给人留下深刻印象。

在这次调研过程中，各博物馆也反映了一些在免费开放的新形势下更加急需解决的困难和问题，例如展示服务水平亟待提高，基础设施亟待改善，人员队伍建设亟待加强，管理体制运行机制亟待创新，经费投入力度亟待加大等等，实质上是免费开放对博物馆发展提出了新的要求。需要我们从博物馆发展思路、管理理念、运营方式、陈展水平、服务质量、可持续发展等多方面进行深入思考，做出及时而恰当的反应和调整，通过改革创新进一步提高工作水平。

当前，我国博物馆发展进入新的高潮。在国家高度关注博物馆的建设，各级财政强有力支持博物馆的建设，公众对博物馆文化强烈追求的形势下，博物馆应该大有作为，对社会有更多的贡献。我认为，今天博物馆事业应该更加注重两个转变：一是从“数量扩张”走向“质量提升”，二是从“馆舍天地”向“大千世界”。只有通过这两个转变，才能全面提升博物馆发展水平，促进博物馆事业又好又快发展，实现高质量可持续的免费开放。

首先，在实现从“数量扩张”走向“质量提升”方面，我有如下建议。

一是推进博物馆法规体系建设，强化博物馆质量控制的根本保障。要通过立法明确博物馆行业主管部门及其职责，完善博物馆的基本管理制度。目前，国务院法制办正在就《博物馆条例》向社会各界公开征求意见。要深入调查研究博物馆发展中的新情况、新问题，及时发现博物馆发展中出现的法律空缺和其他相关障碍，尤其要结合博物馆免费开放和民办博物馆迅速发展等热点、难点，抓紧制定有关工作规章、标准规范，加快形成以《博物馆条例》为核心的博物馆法规体系，引导博物馆健康快速发展。

二是推进管理体制创新。免费开放并不是由财政把博物馆供养起来，而是要以增加财政保障来推进增强博物馆的自主创新能力。要按照政事分开和文化体制改革的要求，转变行政主管部门对博物馆的管理方式，划清事权界限，强化行业管理职能，保障博物馆的法人地位，博物馆在有关部门和社会公众的监督下依法自主运作，独立承担民事责任。

三是推进运行机制改革。博物馆的运行机制是指为实现博物馆自身特定的功能，博物馆应采取的决策机制、评价机制、应对机制、激励机制、监督机制等一系列的机制。目前博物馆很多仍实行计划经济下的事业单位的管理机制，它和博物馆发展规律之间有很大的不同，不利于提升博物馆管理水平。在博物馆免费开放的条件下，要按照文化事业单位改革的要求，探索完善采用理事会等新型的法人治理结构，逐步实行理事会决策、馆长负责的管理运行机制。同时深化人事和分配制度改革，建立博物馆从业资格制度，优化组织结构，规范岗位、职位管理，完善评价和激励机制。

四是坚持博物馆人的职业道德。民办博物馆的兴起，以及社会对于文物艺术品的推崇，引发了很多博物馆内部人员不同方面的反响。要大力推进博物馆系统从业人员的队伍建设、作风建设和道德建设，使我们的博物馆队伍能够坚守自己的理想，坚守中国博物馆工作人员的职业道德准则。

五是创建博物馆综合评价体系。要深化博物馆评估定级工作，完善以展示教育、开放服务为核心的质量评价体系，探索适应博物馆管理运行特点的考核指标体系和责任追究制，建立绩效评估制度。山西省文物局正在积极制定《山西省博物馆、纪念馆免费开放绩效考核暂行办法》，值得借鉴和推广。

六是完善投入和保障机制。加大政府对博物馆事业的投入和支持，进一步调整财政支出结构，确保博物馆核心业务和公益性活动的有效开展。同时最大限度地动员社会各方面力量支持参与博物馆事业，推动博物馆事业社会化，例如大力发展具有博物馆特色、物美价廉的文化产品，满足观众“把博物馆带回家”的愿望，同时增强博物馆自身造血功能。壮大博物馆之友、博物馆会员、志愿者队伍，使之成为支持博物馆发展坚定的、可信赖的社会力量。

《从“数量增长”到“质量提升”》书影

《从“馆舍天地”走向“大千世界”》书影

其次，在实现从“馆舍天地”走向“大千世界”方面，我有如下建议。

一是在城市化、现代化的快速进程中，博物馆日益成为城市文化的标志和精神的家园，博物馆必须更加自觉关注并参与城市文化和价值体系的构建，必须更加自觉关注并成为促进社会发展的动力，必须更加自觉关注并促进改善民生。

二是要立足于使公众能够真正“感受博物馆”“享受博物馆”，强化观众调查，准确把握和满足社会需求。要突出博物馆陈列展览以物为主、文化内涵鲜明的特点，坚守固有的专业性、学术性，同时从易于被观众接受的角度增强趣味性、知识性，提高观赏性、互动性。要积极推进博物馆与学校教育的对接，将博物馆纳入教学计划，融入教育体制，构建社会教育网络。要完善开放服务制度，注重参观安全，加强社会教育队伍建设，提高讲解传播水平。

总之，要以博物馆免费开放为契机，抓住难得机遇，用好有利条件，加快发展步伐，提高服务水平。要抓紧做好“十二五”规划制定和实施，着力于完善博物馆的功能，突出特色、凸显个性，夯实基础、提升质量，使博物馆实现免费开放以后功能更加齐全、设施更加完善、运行更加规范、作用更加突出，成为广大民众满意的博物馆。国家文物局也将继续高度关注和支持山西博物馆事业的科学规划、发展，并相信山西省博物馆事业一定能够更上一层楼。

在"'指南针计划'进校园"活动启动仪式上的致辞

（2010年4月21日）

北京大学"'指南针计划'进校园"项目启动仪式

今天是一个特殊的日子，为表达全国各族民众对青海玉树地震遇难同胞的深切哀悼，国务院决定，今日举行全国哀悼活动。刚才，我们共同为地震遇难同胞致哀。举国哀悼表达了国家对普通公民的生命价值的尊重，体现了国家在面对国民遇难时的责任感，体现出我们血脉相连的同胞之情。今天的活动之后，国家文物局也将继续开展针对地震灾区的文化遗产保护工作，保护和传承我们的珍贵文化遗产，是我们，同时也是在座的大学生们共同的责任。

我国五千多年的文明史，曾创造并留存下来大量珍贵的文化遗产，这些文化遗产是中华文明的重要载体，是中华文明延续发展的历史见证，是祖先留下的宝贵的物质和精神财富，蕴含着各个时期中华民族的历史、艺术、人文和科学价值，凝聚着中华民族的智慧成果，是民族生命力和创造力的具体体现，是增强民族自信心和自豪感的重要动力。深入挖掘、整理和研究这些文化遗产所蕴藏的重要价值，充分展示我国古代发明创造，探究其形成的历史渊源和背景，对于继承和弘扬民族创新精神，形成符合时代要求的具有中国特色的创新文化，动员亿万民众增强自主创新能力，以及维护世界文化多元化和国家文化安全都有着重要作用。

为了探明我国古代发明创造的起源、发展脉络及其蕴含的价值、深刻的历史经验和启示，科学揭示中华民族自古以来非凡的生命力和创造力及其源泉，国家文物局提出了系统开展实证我国古代发明创造的文化遗产的价值挖掘与展示专项的构想，并逐步开展了一系列工作。目的就是通过“指南针计划”专项的实施，深入挖掘和展示实证我国古代发明创造的文化遗产，科学揭示中华民族自古以来非凡的生命力和创造力，增强国际社会对中华文明的认知与认同，使中华民族优秀文化薪火相传、生生不息，不断发扬光大，延续和保持中华民族的精神血脉和民族基因，进而推动世界文明的发展。

北京大学是一座具有光荣传统的著名学府，北京大学为民族的振兴和解放、国家的建设和发展、社会的文明和进步做出了不可替代的贡献。爱国、进步、民主、科学的传统精神和勤奋、严谨、求实、创新的学风在这里生生不息、代代相传。因此，在北京大学举办"'指南针计划'进校园"活动具有特别的意义。

今天的启动仪式后，"'指南针计划'进校园"在北京大学的试点活动将正式展开，将会逐步推出关于中国古代发明创造的系列专题展览，举办不同领域的专家讲座，开展形式多样的体验式互动式参观等。希望通过在北京大学举办这样的活动，对"'指南针计划'进校园"的系统机制、特点和方法进行研究，提出"'指南针计划'进校园"的整体思路、实施方案和保障措施，成为今后开展类似活动的成功范例。

大学生是最具活力、最具创新意识和创新能力的群体，当前，我国提出建设创新型国家，就是针对我国实际国情的正确抉择。时代呼唤英才，希望在于青年。建设创新型国家需要大学生的参与，而通过"指南针计划"，了解、研究我国古代发明创造，使得我们的创造力量逐渐雄厚起来，这就是"指南针计划"的重要意义之一。

博物馆的社会责任与改善民生[①]

（2011 年 3 月 28 日）

公平正义是实现社会和谐的重要基础，只有不断努力保障广大民众的基本文化权益，才能更好地促进社会成员、社会群体之间的友好交往与和谐相处。博物馆文化与民生改善息息相关，博物馆应该成为改善民生的积极力量。因此，重视消除文化贫困、维护文化公平，关切基层民众的基本文化权益，降低文化消费的“门槛”，解决各类困难群体、弱势群体的文化生活贫乏的问题，保证全体社会成员共享人文关怀和文化成果，应该成为博物馆不懈的文化追求。

一、肩负改善民生的职责

保障民众的基本文化权益，是社会文明进步的重要标志，本质上是要用优秀文化为民众服务，将文化变为广大民众的智慧源泉和精神家园。虽然，当前越来越多的城市意识到博物馆设施的建设和博物馆事业的发展对城市文化形象和竞争力的重要价值，一座座现代化的博物馆争先恐后地在城市中建立起来。但是，与此形成鲜明对照的是，前来参观的民众却并不踊跃。普通民众对艺术殿堂的冷漠，与博物馆服务民众、惠及民生的公益性质之间形成巨大反差，逐渐成为我国各地博物馆面临的一大窘境。中

① 此文发表于《南方文物》2011 年第 1 期，第 13 页，2011 年 3 月 28 日出版。

国博物馆学会、中国文物报社所开展的一项社会调查表明，大约 20% 的被调查者每年用于参观博物馆的时间为 4~6 小时，其余 80% 的被调查者每年参观博物馆的时间则不足 2 小时，其中还有相当数量的民众根本不进博物馆。博物馆是人类文化记忆与传承、创新的重要阵地，在现代化和全球化的时代，博物馆注定要在人类的文化生活中扮演重要的角色，使博物馆真正成为普及科学知识、树立社会正气、塑造美好心灵的生动课堂，使人们在博物馆中有所发现，有所启迪，有所感动，有所亲近，有所收获。今天，只有深刻理解博物馆文化在民族复兴、社会进步中的重要地位，从战略和全局的高度来谋划博物馆文化建设，推进博物馆文化发展，才能凝聚博物馆文化建设的社会共识。

衣、食、住、行是人类的基本生活需要。在我国，自古以来人们就认识到“甘其食、美其服、安其居、乐其俗”。F. 恩格斯（F.Engels）指出“人们首先必须吃、喝、住、穿，然后才能从事政治、科学、艺术、宗教等等”①。可见，无论古今中外，长期以来，由于生活水平的低下，人们将物质生活条件的改善，看作民生的改善。但是，在基本物质生活条件得到基本满足以后，文化更成为基本民生的重要内容。一位哲人说，“当一个人吃不饱饭时，只有一个烦恼；当一个人吃饱饭以后，就会生出无数个烦恼”。人类生活的内涵十分丰富，概括来说，可分为物质生活和文化生活。物质生活是人类最基本的需要，文化生活则是人类最基本的价值。民生改善是不断满足民众需求的过程，人们对文化生活的依恋和需求也是一个不断增长的过程，如果广大民众在文化权益享受上不均衡，将严重

① 恩格斯：《在马克思墓前的讲话》，见《马克思恩格斯选集》，第三卷，874 页，北京，人民出版社，1972。

制约社会的和谐发展。当前，文化成为社会生活的重要组成，也是一个城市赖以生存和发展的重要智力资源和精神动力。文化生活作为城市生存和发展的方式，能够使人们的生活更有质量、更有品位、更有档次。以此作为博物馆事业的时代追求，从满足人们最基本的物质生活需要，到进一步满足人们更高层次的文化生活需要，应是博物馆文化的根本目标。

博物馆作为公共文化服务体系的重要组成部分，具有直接为民众提供文化服务的神圣义务。当前，我国改革处于攻坚阶段，一些人群存在焦虑不安的心理，人们迫切需要得到心灵慰藉。此时，博物馆可以凭借其生动、直观的效果，充实、多样的主题，面对广泛、多元的观众，为人们提供一处平静的港湾，成为调节人们情绪、增强战胜困难信心的理想场所，起到稳定人心、积聚力量、鼓舞人们勇敢克服困难的作用，在改善民生和增强国家文化软实力方面发挥出不可替代的重要作用。同时，博物馆具有多样性、差异性，可以促进不同文化背景的人们和谐相处。博物馆培养人们的宽容精神。宽容精神对于处理人与人、人与自然、人与社会、民族与民族、国家与国家的关系极具价值，有利于和谐社会的构建与发展。根据A.H. 马斯洛（A.H.Maslow）著名的需求层次论，满足物质上的基本需求后，人们会对精神文化生活提出新的要求。目前我国正处在这样一个历史阶段，广大民众物质需求满足后，迫切需要满足文化需求，而且文化需求日益显现出多样化的趋势，对博物馆的服务水准要求更高，博物馆的社会地位也愈显重要。博物馆馆藏文物的集中性、陈列展示的开放性以及展示主题的针对性，使人们不同层次的精神文化需求得到满足。

广西来宾市公共文化服务设施

纵观世界博物馆发展史，博物馆的形成是以私人收藏为起点，以公共共享为终端。人类可贵的分享、共享的博爱精神在博物馆得以充分体现。保存主要是保存传统，一个没有传统的社会，是没有根基的社会，将缺乏持久发展的后劲和动力，而把传统文化中的精华保存下来，实际上是为和谐社会做贡献。当新的艺术珍品也成为博物馆的藏品时，便进入了新的文化生态循环过程。工业化、后工业化进程，剧烈地震荡着人们原已约定俗成的价值观念和生活传统，在这种变化中，博物馆承担着保护传统文化遗产，保存传统文化价值的责任，为社会公众提供了审视传统、反思今天和创造未来的一个平台。如果没有文化遗产保护意识，很多优秀的、有价值的文化遗存就会消失、毁灭、不可再生，保护意味着文明的延续，保存意味着价值的递进。但是，“独善其身的文化遗产保护观以一系列禁止性的措施为基础，很少考虑融入社会生活，使文化遗产保护与地方社会发展渐渐疏离，进而削弱了居民参与文化遗产保护的积极性”[①]。同样，博物馆必然会随着时代的变迁、社会的变革、文化的进步，不断得以发展。特别是在全球化趋势越来越明显的今天，一座博物馆如果自我禁锢，封闭自处，缺少与社会的交流，就必然会因为生命力的丧失，使功能与职能逐渐弱化。

丹增先生认为，“文化资源是一种动态的、非独占的、可再生的精神财富”，“人们对文化资源的认识，又必须基于对文化的认识。与文化认识多样性相对应，人们对文化资源的认识同样千差万别。一般说来，人类发展进程中所创造的一切含有文化意味的文明成果及其承载着一定文化意义的活动、物件、事件乃至一些名人、名城等等，都是某种形式的文化资源”[②]。一个国家、一座城市的博物馆数量多少、规模大小、水准高低，在一定程度上，反映出一座城市的文化品位和市民的生活质量。同时，这些功能完善的博物馆设施，有利于提升城市功能，彰显城市价值，增强城市吸引力。城市历史学家L.芒福德认为：“城市通过它的许多储存设施（建筑物、保管库、档案、纪念性建筑、石碑、书籍），能够把它复杂的文化一代一代地往下传，因为它不但集中了传递和扩大这一遗产所需的物质手段，而且也集中了人的智慧和力量。这一点一直是城市给我们的最大的贡献。”[③] 正是博物馆，将那些零星的、分散的各类事物，通过主题集中起来，加以系统化展示，将人们共同关心的难题，连同相关的各种解决途径集中起来，再生动地加以展现，给人们以启迪，用“润物细无声”的方法，滋润着城市文化，弘扬着民族精神，传

① 郝黎：《从若干博物馆实践看博物馆教育》，见《携手2010：宁波国家博物馆高峰论坛论文选辑》，1页，非正式出版物。
② 丹增：《发展文化产业与开发文化资源》，载《求是》，2006（1），44页。
③ 刘易斯·芒福德：《城市发展史——起源、演变和前景》，宋俊岭，等，译，417页，北京，中国建筑工业出版社，1989。

承着人类文明。

当前，人类进入了一个新的历史阶段，科学发展、和谐发展是这个时代的发展主题。建立人与自然协调、人与社会和谐、人的全面发展，三者高度统一和谐的思想，是当前博物馆文化中特别需要关注的新时代的人文精神。人文精神是对人性、人的主体地位和价值尊严的关注与高扬，是关于人的生命、人的生活、人的幸福的终极关怀和价值取向。不同历史时期的文化中，蕴含的人文精神也不尽相同。从历史上讲，我国是一个具有鲜明人文精神传统的国度，例如周代的“礼乐精神”以及影响深远的孔孟之道，无不体现着中华民族五千年来在文化发展过程中所体现的对人性、人伦、人道、人格的关怀①。由于人们的个体差异存在于生理、心理、行为习惯、教育背景、社会身份等各个层面，因此博物馆要注意坚持多元化的特点，满足不同阶层、不同爱好人群的精神文化需求，维护充满艺术气息和文化品位的博物馆环境，使其成为对于人们陶冶情操、放松身心、交流思想等具有持久吸引力的文化空间。伴随物质生活的逐步改善，人们渴望全程参与可以获得独特体验的博物馆文化活动，通过博物馆的藏品构成和展览方式，总结以往的实践体会，挖掘历史中充满生机的精神内核，为未来的发展寻找可供借鉴的思想内涵，进行自我认同并强化这种认同。

公共文化机构，就应该面向社会大众开放，按照公益性、基本性、均等性、便利性原则，保障民众基本文化权益。《大英博物馆法》导言中明确规定：博物馆“不仅是为学习者和猎奇者调研与娱乐的场所，也是为普通功用和大众福利”。博物馆作为公共文化机构，应把关心人的命运、关心人的生存和发展作为工作的重点，从

① 辛言：《文化建设需要人文精神》，见《中国政协》，2007（7），16页。

长期以来以“物”为中心，转变为同时还要以“人”为中心。博物馆文化的核心是坚持以人为本。在博物馆发展的根本目的上，明确“为了谁”的问题，体现尊重社会发展规律与尊重民众历史主体地位的统一，体现为崇高理想奋斗与为最广大民众谋利益的统一；在博物馆发展的基本动力上，明确“依靠谁”的问题，发展必须尊重民众的主体地位，发挥民众的首创精神，使博物馆事业获得最广泛、最可靠的社会基础；在博物馆发展的最终目的上，坚持实现人的“自由而全面的发展”，把人的全面发展作为经济、政治、文化和社会发展的终极目标，也是博物馆的最高价值追求。重视人的生活和命运、满足人的需求，正在成为博物馆文化新的关注点。这既是时代的要求，也是民众的要求。博物馆必须在功能、定位和工作中心方面进行相应的调整，特别是在保障民众基本文化权益方面承担起应有的责任。

与英国大英博物馆签署合作谅解备忘录

今天更多的人徜徉于各个博物馆欣赏各类藏品，所获得的是艺术的熏陶，审美的享受以及知识的拓展。因为任何文化创造，都只有以其鲜明的个性，才能形成自身的优势；又都只有以其强大的优势，才能在人们的广泛认同与欣然接受中产生价值和发挥作用。当今时代，已进入以文化论输赢、以文明论高低、以精神论成败的阶段。在文化遗产空间涵盖范围扩大的同时，人们对文化遗产的时间特性也有了新的认识。博物馆的文化收藏和保护范围不再仅限于过去的文化遗存，而扩大到与社会变革、环境变迁有关的整个文化进程。基于此，博物馆的收藏与展览不应限于“过去”的文化遗产和历史，“为未来收藏今天”已经成为博物馆的重要工作内容；保存普通民众的生活原貌，将活态文化遗产以鲜活的方式保存下来，也已成为博物馆新的工作任务。法国前总统J.R.希拉克（J.R.Chirac）曾经说过：“城市不应当永远凝固不变，对巴黎来说，凝固就是灾难，每个时代都应该在城市中留下自己的标志。”[①] 博物馆文化应该不但使历史文化得以保存、继承、再生，而且使现代文化得以融入，历史本身就是动态过程的纪录，是一本“可读”的历史。博物馆不再只见证过去，还将是创造未来的起点。因为一种文化没有活力，就会停滞不前，就会逐渐衰落，历史上许多古老文明的消亡，大多是由于文化失去活力而引起的[②]。

城市的主体是人，城市的发展必须以提升人的生活品质为前提。让观众走进博物馆、了解博物馆并爱上博物馆，成为博物馆的忠实观众，已经成为博物馆应该探讨的重要命题。今天，对博物馆功能与职能的认识更加注重以人为本，强调博物馆应以满足广大民

① 陈秉钊：《历史文化：保护与再生中的情理观》，载《建设科技》，2007（11），22页。
② 刘卫华：《全球化趋势下博物馆发展的新视野》，见《携手2010：宁波国际博物馆高峰论坛论文选辑》，9页，非正式出版物。

众日益增长的文化需求为出发点，成为紧密联系民生、惠及亿万民众的公共服务机构。事实上，博物馆文化从来没有如此深刻地影响着社会，如此深入地走进民众的日常生活之中。博物馆不但直接面向民众，而且面对的是全体民众。走进民众，就是回归博物馆的使命。V. 彼斯特曼 (V.Bisteman) 认为：“博物馆最值得珍视的资源不是展品，而是观众。” S. 韦尔（S.Weil）则指出：“如果我们的博物馆运行的最终目的不是改善人民的生活质量，那么在什么基础上我们才可能寻求公众支持呢？”[①] 因此他认为，只有当博物馆为人们的公共福利服务时才值得大众支持。这一观点对于我国博物馆的现实发展十分重要。今天博物馆文化能否走近广大民众，走进广大民众的生活，早已成为检验博物馆发展成果的重要标准。据报道，平均每个北京市民每两年才会走进一次博物馆。但是据保守估算，平均每个美国人每年至少走进两次博物馆。英国人的名言则是：“我不在家，就是去博物馆的路上。”[②]

现代博物馆起源于17—18世纪的欧洲，而我国首座民办博物馆——南通博物苑（1905年）和首座国立博物馆——中国历史博物馆（1912年）都要比欧洲的博物馆历史晚近200年。而且在20世纪相当长的时间里，当发达国家的民众已经将参观博物馆视为文化生活的重要组成部分时，我国民众还在为生存而奋斗。因此，由于历史原因，虽然我国的博物馆事业已有100余年历史，但是广大民众的博物馆意识仍然欠缺，参观博物馆还远未成为社会公众的生活习惯。在社会公众的心目中，博物馆一直是文化的圣殿，博物馆文化一直被视为高雅文化。这一认识有利于彰显博物馆的

① 维多利亚·迪肯森：《历史，民族特征与公民意识：多民族国家中历史博物馆的职责》，载《国际博物馆》，2006（2），21页。
② 陶斯咏：《中国人的博物馆意识有点缺》，载《环球时报》，2010-05-17（15）。

崇高地位，但是，博物馆以“圣殿”自居，将导致博物馆与社会公众之间存在隔阂。博物馆不应是政府的博物馆，而是全体民众的博物馆。严格地讲，“观众”“参观者”等习惯用语，从所有权属的角度来看，并不十分恰当，博物馆虽然在法律上被指定为文物收藏机构，但是，仅仅是受托代表公众收藏文物藏品，公众才是合法的拥有者。因此，在任何情况下，博物馆都要维护社会全体成员的文化权益，并向他们提供无偿均等的服务。特别是关注基层民众的文化生活和弱势群体的文化权益，更是政府的职责，是社会的良心。基层民众文化生活的改善，弱势群体文化权益的回归，使广大民众成为博物馆的真正主人，从而使更多的人加入到支持博物馆发展的行列中来。

江苏南通博物苑

二、提升和谐发展的意识

联合国开发计划署曾在人类发展报告中提出“人文贫困”的概念，其含义包括寿命、健康、居住、知识、参与、安全和环境等方面基本条件的缺乏，也意味着体力、智力这两个人力资本因素的缺失。文化贫困是人文贫困的最重要表现。当前，我国社会正处于转型期，低收入民众占社会总人口的多数。他们经济基础薄弱，社会地位相对弱势。社会成员之间收入分配和社会地位的差距，使文化生活存在明显的不公平现象，有相当部分民众仍然处于文化贫困之中。一部分人文化生活比较丰富，受教育程度较高，能够享受高水准的文化消费；另一部分人则文化生活相当贫乏，受教育程度不高，享有文化话语权不多，甚至长期与健康的文化生活无缘。同时，由文化贫困和文化不公导致的社会矛盾及冲突也日渐突出。联合国教科文组织《关于博物馆向公众开放最有效方法的建议》中特别强调“各成员国应采取一切适当措施以确保其领土内博物馆向所有人开放，而不论其经济或社会地位如何”，“并特别要考虑到劳动者的闲暇时间”。“如有可能，门票应予以免费。如果不是全部免费或者认为有必要维持少量门票费，甚至即使只是象征性的收费，各博物馆至少亦应每周或在同等时间内免费开放一天”[①]。 这就要求博物馆应在公益性、开放性、社会性上表现得更加突出，向全社会提供无偿均等服务的意识应加强。

20 世纪 70 年代，美国南加州大学经济学教授 C. 伊斯特林 (C.Easterlin) 通过研究发现了经济增长与国民快乐的不一致性问题。1974 年，他提出了“收入和快乐之间不存在显著正向关系”的研究

① 李爱国，王征:《国外公益性文化设施免费开放的指导原则》，载《中国文化报》，2008-03-30（3）。

命题，促使经济学界开始认真思考人类发展的终极关怀。美国、日本等一些发达国家均出现了这种“伊斯特林悖论”现象，亦称为“财富悖论”现象，即随着收入增长到一定程度，国民的快乐和幸福感不再随着收入的增长而增长。在“有增长无发展”的发展中国家经济发展难题解决后，发展中国家与发达国家同时又遇到“有发展无提高”的经济社会发展新难题。实际上，“财富悖论”现象的产生并非偶然，它是忽视经济社会发展的终极价值，仅以物质利益为中心，而不是以快乐和幸福为中心，特别是对“最大多数人的最大快乐”终极价值原则忽视的结果。由于只顾及物质利益，导致了经济社会发展路径的偏离。经济增长是人类生活水平提高的一个基础，但是，它并不是反映人类生活水平的全面指标。经济增长归根到底只在某种程度上保证人类物质生活水平的提高，此外，人类还要追求快乐和幸福，人类追求的最终目标应该是人的自由全面发展，而人的自由全面发展应从改善人的文化生活状况出发，超越狭隘的发展观念。

就人类行为的终极关怀而言，J. 边沁（J.Bentham）提出的“社会应该用‘最大多数人的最大快乐’原则来进行管理”的主张最具吸引力。这一主张一经提出就几乎影响了所有社会科学的终极关怀，成为主导社会伦理学的最有影响的理论之一。狭隘的经济发展观，把发展理解为个人收入的提高、国民生产总值的增长、外汇储备的增加、工业化和技术的进步等。尽管这些目标都很重要，但是，发展不能见物不见人，更不能无限制地扩大发展的鸿沟，只顾少数人的发展，而忽视大多数人的发展，社会上大多数人的快乐和幸福，才是真正的发展。因此，更要关注包括基本教育、知识增长在内的生活标准的提高，寻求社会上所有阶层分享成果的均衡发展，寻求使广大民众能够以多种方式参与和影响政策决策过程的民主发展，寻求政府不仅关心发展中的收入增长，而且关心社会的公平、公正。人们的身体健康、心理平衡、人伦关系和睦、天人关系和谐等都构成快乐和幸福的源泉，发展的过程不应破坏这些快乐和幸福的源泉[①]。令人遗憾的是，在发展的过程中，文化小康长久以来一直被忽视，拥有金钱和占有物质的多少几乎成为衡量成功与否的唯一标准。正是由于人们把社会关注片面地、过多地引导到物质利益上去，才出现了既浪费大量资源，又使得快乐和幸福指数难以提高的后果[②]。

文化小康是社会发展到一定阶段的必然要求，人们在追逐物质财富的同时，必须关注文化境界的提升，才能不迷失自我。一个在文化上达到小康的社会，才会知道财富和物质所能达到的边界，才会知道用理性的态度去分辨事物的真伪，才会知道在物质发展之外，追求更多样和充实的社会，才会知道人类不能完全被物质所支配，文化价值应凌驾于金钱之上，且不容冒犯。因此，文化小康的建设不容忽视，是当今我国迫在眉睫的发展需求。如果没有广大民众文化生活的小康，就无法造就一个和谐的社会，就无法创造人类社会的美好未来。[③] 快乐和幸福的影响因子由多层级因素组成，不仅包括职业、收入、待遇、财富等大量经济因素，而且包括环境、健康、亲情、友谊等大量非经济因素，同时，文化教育、人际关系、社会公正等也都是影响快乐和幸福的重要因素。满足快乐和幸福往往并不需要耗费多少资源，和谐、诚信、责任、尊重、公正和关怀等才是快乐和幸福更重要的源泉。快乐和幸福是相对的，物质的丰富并不能直接带来快乐和幸福。博物馆是今天增加社会快乐和幸福的积

① 林光彬：《难量化的“快乐”比易量化的“财富”更值得研究》，载《光明日报》，2007-01-9（10）。
② 作者不详．文化小康刻不容缓，载《小康》，2007（6），72。
③ 陈惠雄：《快乐与幸福理论对于经济社会发展的战略意义》，载《光明日报》，2007-05-29（7）。

极力量。博物馆真实记录了时代发展的潮起潮落，清晰见证了社会进步的脚印，标识了人类今天的相对位置，应承担起阐释历史、定位今天、预测未来的责任。

我国五千年的历史积淀留下许多宝贵的文化财富。今天，我国正处在城市化进程的快速发展期，处在建设规模和资源消耗的高峰期，如何在快速发展的同时，切实保护好文化遗产，促进经济建设与文化遗产保护的和谐发展，是当前面临的严峻挑战之一。因此，更需要博物馆作为一个文化空间，作为一方净土，让人们从历史当中，从文化当中，从艺术当中去体验、去感受，将躁动的心安静下来，使绷紧的神经放松下来。博物馆应该成为人们共同的精神家园，这是社会发展的需要。因此，博物馆应积极主动地参与到社会生活中去，为社会健康和谐发展贡献力量。在这一背景下，博物馆只能总结过去、立足现实、着眼未来；贴近实际、贴近生活、贴近民众；

北京中国科技馆观众参与

从博物馆的实际工作出发，不断研究现实中的具体问题，不断提出可行的解决对策，不断明确未来的发展方向，通过呼吁审美智慧，倡导理性思维与精神信仰，搭建好经济社会发展与人文关怀之间的桥梁。强调博物馆以人为中心，就是关心人，关心人的成长和发展，关心人的快乐和幸福。应该把博物馆文化作为民生的有机组成部分，博物馆利用其拥有的文化资源，通过独特的教育方式和手段，使广大民众成为认同历史文化、认同社会价值、具备现代知识和本领、全面发展的现代合格公民。

一个城市是否具有这种人文关怀的精神、环境和氛围，应该成为评价城市建设水平高低、管理质量优劣的重要标准。社会学家M. 卡斯特（M.Castells）对城市空间有多种层面的认识，他说，“城市是社会的表现”“空间是结晶化的时间”[①]。 这些观点表现出人类正在从更理性的层面，认识城市这一人类所创造的空间形式。文化是一定历史、一定地域、一定人类群体的生态状态和愿望的反映，同时，又对于人类的生存和发展产生广泛而深刻的影响。城市是市民的居所和精神家园，城市建设应秉持以人为本的原则。创造人类与自然友好相处的生态环境，形成亲切和谐的人际关系，构建和谐自然的城市空间，这是民众的共同愿望和要求。面对现代生活的快速变化和市场经济下的激烈竞争，人们的物质需求不断得到满足，而心理上的迷茫和困扰尤需抚慰。一方面，经济的发展、社会的进步，振奋了人们的精神，增强了人们创造新生活的信心；另一方面，面对日趋复杂的利益关系和层出不穷的社会问题，民众的生理状态、心理感受，需要更多的人文关怀。城市形态的变化和发展过程，应

① 张鸿雁:《城市形象与城市文化资本论——中外城市形象比较的社会学研究》，4页，南京，东南大学出版社，2002。

该同时成为不断满足人们的精神需求、提高人的文化素质、促进人的全面发展的过程。城市建设和管理呼唤着深刻的人文关怀。

美国未来学家 G. 赫曼 (G.Herman) 将人类社会发展的第四次浪潮预言为“休闲时代”[①]。在现代社会，由于生产力水平的不断提高，人们的休闲时间显著增加，也使人们产生强烈的精神文化的消费需求。但是，今天人们仿佛置身于一个娱乐消费时代，很多人感觉到社会生活的方方面面都在“被娱乐”，打开电视、翻开报纸、点击网页、接收短信，立刻会被歌声舞影、美女靓仔、笑话恶搞等包围。“泛娱乐化”是一种社会现象，指在经济、政治、文化、社会等领域，娱乐元素都无孔不入地进行着渗透。“我们需要娱乐，但不能忘记了思考。”娱乐本身并无害处，但过了头，就会走向媚俗和庸俗，考验人们的道德底线、心理底线甚至法律底线。无论如何，一个社会应该有主流的秩序、共享的价值和情感，警惕泛娱乐化倾向对民众心理、社会风气、人格基因等带来的负面效应[②]。爱因斯坦曾经指出，人的差异就在于闲暇时间。博物馆应作为闲暇教育的主要场所。闲暇教育顾名思义，就是在除正规教育之外的闲暇时间接受的教育。“一座城市没有博物馆，就像一个民族没有史籍。博物馆虽然是人类物质丰富的产物，却不是物质贪婪的载体，正相反，它是心灵的向往，智慧的追求，是让人安静和虔诚的地方，是浮躁与轻狂的过滤器，是文化知识的储藏室，更是物化的精神圣殿”。[③]

博物馆文化可以超越时空，博物馆文化的撞击是心灵的撞击。走进博物馆，观赏的是文化遗产，寻觅的是人类文明，解读的是历

① 周建明：《借鉴与创新：形成中国特色的旅游发展之路》，载《国外城市规划》，2003（1），1。
② 《泛娱乐化解构中国》，载《人民论坛》，2007（2），11。
③ 彭俐：《让博物馆藏品变成酵母》，载《北京日报》，2009-05-15（14）。

史智慧，感悟的是艺术哲理，抒发的是人文情怀，守望的是精神家园[①]。博物馆文化的力量深藏于人们的头脑、观念、行为、规范、价值观之中。苏东海先生认为“博物馆的情感领域比知识领域大得多，美妙得多。博物馆的魅力因之会更强烈地释放出来”。他认为，博物馆情感不是一个小的概念，它包含着知识情感、道德情感、审美情感诸多发生在博物馆中的情感现象，是一个大的范畴。“情感在博物馆里比博物馆知识领域还要宽广深厚，它是博物馆文化魅力的基础”。研究博物馆中的情感现象，有利于博物馆价值的实现。以往在博物馆的研究中，重视文物藏品的历史价值、科学价值和艺术价值，而往往忽视其情感价值，形成博物馆文物藏品研究的薄弱环节。挪威博物馆学家 M. 摩尔（M.Maure）认为“怀旧是博物馆存在的最基本的理由”。博物馆把参观者带入历史情感之中，满足和提升他们的怀旧情感，从而认识过去，感知现在，希冀未来。为怀旧而建立的纪念馆，为寻根而建立的博物馆更是怀旧的产物。事实上，每件藏品都有一个故事，把这些故事都输送到陈列中去，展品就不再枯燥，陈列就有声有色，伴随陈列主题的展开，不断引发人们的情感变化，引起共鸣与提升[②]。

我国的博物馆大多数建立在大中城市，广大基层，尤其是少数民族地区、边远山区、革命老区的基层民众，特别是青少年学生很难走进博物馆，享受政府提供的文化服务。就四川而言，全省面积 48.5 万平方公里，山区、高原、丘陵约占省域面积的 97.46%，而 8800 多万人口中，乡村人口约占 75%。根据四川博物院研究人员的走访调查，省内一些少数民族地区、边远山区、革

① 曾光：《博物馆在创建城市文明建设中的重要作用》，见《携手 2010：宁波国际博物馆高峰论坛》，77 页，非正式出版物。
② 苏东海：《博物馆情感初论》，见《中国文物报》，2009-08-12（6）。

命老区的民众，一家三口若来省会城市的博物馆参观，来回需要4天的时间，花费近2000多元的交通食宿等费用。调查人员曾在偏远地区进行问卷调查，在350个受访对象当中，没有去过成都的有187人，不知道四川博物院的有297人，不了解当地博物馆的有320人，缺少文化消费的有245人，而文化消费主要以民族祭祀、购买书籍、孩子上学为主要开支。由此可见，偏远地区广大民众因路途、经济、文化素质等因素的限制，难以走进博物馆，文化生活单调。幅员辽阔，人口众多，经济发展不平衡，教育资源不均等，这些都是我国博物馆事业发展所面对的基本国情。实现全面小康不仅是经济发展，还有文明水平的提升，不仅是城市民众的需求，而且是农村民众的渴望。博物馆作为公益性事业单位，仅仅服务于请进来的观众远远不够，一时难以走进博物馆的广大民众同样也需要享受博物馆的文化气息。

四川四川博物院开馆典礼

三、建立社会动员的机制

博物馆社会动员机制，是指动员博物馆之外的人员和组织，参与博物馆的管理和建设的机制。这一机制的功能之一在于为博物馆募集免费或超值的人才资源，以弥补博物馆在人力资源方面的不足，或者为博物馆节省人力资源方面的开支。尽管博物馆是面向全体民众的文化机构，但是热爱博物馆事业和对博物馆的特定藏品拥有特殊感情的热心观众，是最稳定、最具专业水准的观众群体，也是博物馆最主要的服务对象。这些热心观众对于博物馆事业的关心热爱，是推动博物馆事业发展的重要力量。如果博物馆能与热心观众建立起较为固定的联系，并为他们提供参与博物馆管理和建设的渠道和平台，这些热心观众通常很愿意为博物馆的管理和建设出谋划策、添砖加瓦。在实践中，一些博物馆采取的会员制、博物馆之友等做法，实际上就是博物馆与热心观众群体建立固定联系的具体方式，也是博物馆为热心观众群体提供的参与博物馆建设和发展的平台，取得了相当明显的效果。除了会员制、博物馆之友外，博物馆还应积极探索与热心观众群体建立固定联系的新途径、新办法，建立与扩大博物馆的热心观众群体，并充分利用热心观众群体的才智、热情和资源，提升博物馆的管理水平，解决博物馆所面临的实际问题。

社会动员机制对于博物馆事业的发展能起到积极的推动作用。当前，社会力量参与博物馆事业的程度需要全方位提高。各种社会力量广泛参与博物馆事业是我国博物馆的发展方向。社会力量参与博物馆工作的形式也日趋多样化，逐渐由博物馆的参观者扩展到博物馆活动的参与者，各种社会团体、志愿者等社会力量的参与，密切了我国博物馆与广大民众的联系，丰富了我国博物馆的社会服务职能，也为我国博物馆的发展增添了活力。从某种意义上说，志愿服务是公众参与的一种形式，主要是在博物馆服务岗位上的公众参与，而公众参与也是一种志愿服务，主要是在管理环节上的志愿服务。博物馆应当借助公众的力量和智慧来改善博物馆的管理，提高博物馆的服务水平。为此，博物馆应建立和完善制度化的公众参与机制，提高公众参与水平，广泛听取并主动征询公众对博物馆各项工作的意见建议，并把公众评价作为岗位绩效评估的一项重要指标，以此改进内部管理、提高服务水平。为了建立鼓励公众积极参与的长效机制，博物馆可以针对自身的业务发展和工作环节，设立主要由社会人士组成的馆外监督、咨议团体，积极吸纳有热情、有能力的社会人士稳定地、正规化地参与博物馆的管理，通过这些社会人士的热情、才智和资源，改进博物馆的各项工作。

故宫博物院增加观众座椅

志愿者，一般是指公益机构因其成立宗旨与服务需要招募而来，不计报酬，关心社会福利，本着个人自由意愿，奉献个人的时间、精力，主动参与各项社会服务活动的人士或团体。自愿、无偿和为社会公益事业服务是志愿者的重要特点，而作为某一领域的志愿者，还与其本人对该领域的志趣有关。志愿者服务，泛指利用自己的时间、技能、资源、善心，为邻里、社区、社会提供无偿的非职业化援助行为。现代国际志愿者活动始于第一次世界大战之后，各国志愿者相继开展了义务服务活动，在重建家园、发展经济和促进社会文明进步等方面，发挥了重要作用。1985 年，第 40 届联合国大会通过决议，确定每年 12 月 5 日为“国际志愿人员日”。许多国家及政府、社会团体、民间组织等都在这天举办各种活动，大力宣传、表彰和倡导志愿者为社会义务服务的重要作用与奉献精神。2001 年又被确定为“国际志愿者年”。由此可见，志愿者组织的发展，已经成为社会进步的一项重要标志，也是世界文明发展的新潮流之一。我国的志愿者工作及志愿者组织，以 1994 年中国青年志愿者协会正式成立为标志，志愿者通过志愿服务增强自己对他人的关爱之心和领导能力、管理能力以及沟通技巧。志愿服务通过引导人们要有责任心以及促进互信和谐，让整个社会更具凝聚力。

进入 21 世纪，志愿者服务有了更快的发展。有关资料显示，目前仅我国注册的志愿者人数就已经超过了 2500 万。志愿者是社会和谐的道德楷模，志愿精神则是公民社会日益成熟的标志。被生动形象地概括为“送人玫瑰，手有余香”的志愿工作，现在已经发展成为具有多种服务功能的社会团体，博物馆志愿者就是其中一支重要的力量。博物馆志愿者于 1907 年首先出现于美国波士顿艺术博物馆，近几十年来，则普遍为博物馆所采用，并逐渐制度化。博物馆志愿者在国际博物馆界也称为“博物馆之友”，他们出于道义，或从经济上，或从事博物馆志愿工作，或贡献自己的专业知识，积极、主动支持博物馆的发展。

博物馆之友队伍不断发展壮大，于1975年在比利时成立了国际博物馆之友联盟（WFFM）。这是一个国际非政府、非营利性，把世界各地博物馆之友聚集在一起，并予以支持的组织。该组织由两部分人士组成，一是提供无偿服务的志愿者，二是提供各种赞助的捐赠者。目前，其成员由36个不同国家的18个国家联合会和27个协会近200万人组成，参与该组织的国际性、国家性和区域性的活动。国际博物馆之友联盟认为，通过对社会的开放和社会成员的积极参与，博物馆将全面完成其使命。推进博物馆之友组织、博物馆志愿者队伍的壮大，使之成为支持博物馆发展的最坚定、可信赖的社会力量。

国际志愿人员日活动

志愿者服务对于每个文明社会都不可缺少。博物馆志愿者既是珍贵的人力资源，也是树立博物馆自身形象、扩大博物馆社会影响的资源，是博物馆与广大民众之间沟通的桥梁。加强博物馆与社会各界的合作与资源共享，发挥博物馆的平台优势，推进博物馆之友组织、博物馆志愿者队伍的壮大，使之成为支持博物馆发展的最坚定、可信赖的社会力量。我国大陆地区，中国历史博物馆较早在博物馆志愿者工作方面进行探索与实践，2002 年 3 月，该馆率先通过媒体从社会上公开招募志愿者，接到 2000 多个咨询电话，有 560 多人报名应征，220 多人获准应试，150 人被首批录用，主要安排在讲解导览岗位。随后，故宫博物院、上海博物馆、河南博物院、湖南省博物馆等一批大中型博物馆纷纷开始志愿者工作的探索与实践。至今全国各地已涌现出一大批博物馆志愿者，其规模、水平乃至影响力已不可忽视，正在引起社会的广泛关注，并在推进博物馆事业快速健康发展中发挥着其不可替代的独特作用。故宫博物院于 2004 年年底面向社会招募，建立起志愿者队伍，每天在部分专题展馆为观众进行义务讲解，目前人数保持在 200 人左右，其中约 20 人还能用英语进行讲解。湖南省博物馆积极动员社会力量支持、参与博物馆建设，目前注册志愿者达到 1246 人，普通会员达到 4949 人，高级会员达 78 人，他们积极参与到博物馆管理和服务中来。

志愿者服务在宁波起步较早、发展较快，自愿到博物馆担任志愿者的人士明显增加。宁波博物馆努力将志愿者队伍培养成为博物馆的一支忠诚的社会力量，赋予博物馆志愿者“文明使者”的含义，把他们定位为“牵手历史、联系社会、走向国际的博物馆文化的播种机和宣传队”。为此，宁波博物馆努力创新志愿者服务模式，注重志愿者服务专业化和社会化，不少志愿者各有专业特长，教授、医师、工程师、艺术家等，成为志愿者队伍中的核心。让志愿者更广阔、更深入地融入社会，将博物馆文化传向身边的人、周边的社会，并发动更多人加入志愿者队伍。志愿者不仅可以将博物馆与社区很好地联系起来，而且可以为博物馆的发展提供极大的帮助和支持。

2008年12月5日，在宁波博物馆开馆典礼上，宁波博物馆两名志愿者代表向出席“携手2010：宁波国际博物馆高峰论坛”的中外嘉宾庄严宣读志愿者誓词：“尽心尽力，无私奉献，服务公众，回报社会。践行志愿精神，担当历史使命，传承多元文化，推动社会发展，积极支持博物馆公益事业，为弘扬与共享人类文明而不懈努力！”这是目前国内外博物馆志愿者自诞生以来的第一份国际化誓词，向国际博物馆界展示文明使者的风采，深得在场的国际博物馆协会主席A.S.康明斯(A.S.Cummins)和来宾的赞许。

时代在进步，观念在更新，志愿服务已不是一项可有可无的工作，而是当代博物馆社会化趋向的必然要求。宁波博物馆按“定时、定岗、定责”的“三定”管理方案，对志愿者进行自治化管理，即将志愿者按任务和居住地分成10个团队，每个团队选出一名组长，日常工作由组长负责管理，博物馆平常组织各团队开展联谊、竞赛活动，并对各团队进行考核、表彰，使大家既有分工，又有联系。宁波博物馆对于志愿者在馆内服务，仅仅是为他们提供学习、锻炼的平台，其最终目的是发挥志愿者根植各社区的优势，使他们成为社区与博物馆之间联系的桥梁，成为社区博物馆文化的宣传员，成为一个个“流动的博物馆”。随着志愿者队伍的不断发展壮大，宁波博物馆的目标是成为“三位一体”式的博物馆，即以建筑为载体的“实体博物馆”，以网络为载体的“虚拟博物馆”，以志愿者为载体的“社会博物馆”。近年来，河南博物院转变办馆思路，坚持开放办馆，组建了一支规模较大、年龄和知识结构较为合理的志愿者队伍，他们不仅从事讲解、接待和咨询工作，还参与组织展厅报告会、观众调查和对外联络工作，站在一个普通观众的角度，了解民众对博物馆文化的关注点、需求点，更好地为社会服务，为广大民众服务。

接待“故宫粉丝团”

我国博物馆志愿者及其形成的志愿精神，是一种看不见的和谐力，是一种博物馆文化的软实力；它既是一种社会责任，也是一种生活品质[①]。 在一般人的想象中，做志愿者仅仅只是做好事，只要肯做好事的人，均可以加入志愿者队伍。但是作为博物馆志愿者并不是想象中的那么轻而易举：要具备博物馆的基本知识或历史、艺术、科学知识;具有较好的语言表达能力;具有较强的文字处理能力;具有较强的艺术审美眼光；具有一定的幼儿教育能力等。为此，博物馆应积极探索利用志愿服务的新途径、新领域，在发展壮大志愿人员队伍的同时，加强对志愿服务的管理和规范，尤其是加强对志愿人员的培训，为志愿者提供更多学习和提高的机会，向志愿者开放更多的资源与信息，与志愿者进行更多交流与接触，以帮助志愿人员达到博物馆的岗位要求，以确保博物馆的管理和服务水平不会因为志愿者的加入而降低。甘肃省博物馆组织志愿者对博物馆陈列

① 张柏:《世纪的使命 时代的呼唤》，载《中国文物报》，2009-12-09（10）。

内容、历史文化知识以及讲解技巧方面进行交流。在观众参观淡季，博物馆专门安排时间，为志愿者开展专业知识讲座，以提高志愿者业务、讲解水平。对一些表现突出的志愿者，博物馆也会经常给予表扬和鼓励，组织新闻媒体进行专题采访报道，对不计报酬、无私奉献的志愿者给予高度评价。

今天，全国各地的博物馆经过精心选聘、培养，构建了一支支专业化的志愿者队伍，他们代表着高素质的奉献精神。博物馆在发展志愿者工作中，应树立开放创新意识，拓展志愿者服务业务，扩大志愿者甄选范围，建立志愿者服务档案数据，建立志愿者工作的分配、管理和评估的完整体系。为了更好地发挥志愿人员的作用，同时也为了吸纳更多的志愿人员进入博物馆，博物馆提高对志愿服务的重视程度，加大对志愿服务的投入，优化志愿服务队伍的人员结构，改善志愿服务人员的知识结构，提高志愿人员的专业技能，以改变志愿人员队伍年龄结构偏低、服务岗位单一、流动性过大、专业性不足等缺陷，建立起一支适应博物馆实际需求，且具有较高专业水准，较为稳定的志愿者队伍。此外，博物馆还应加强对志愿服务人员的保障，尽量为志愿人员创造较为适宜的志愿服务环境，并采取适当措施防范和降低志愿服务的风险，从建立长效服务机制的高度出发，力争把每一位志愿者都培养成为博物馆文化的推广大使。要不断加强志愿者队伍的体系化、制度化、规范化建设工作，不断拓展其服务项目的内涵和外延，建立切实可行、行之有效的激励机制与措施，使志愿者始终充满可持续发展的活力与动力。

四、增强文化惠民的能力

博物馆是否收取门票，历来存在广泛的争论，这一争论可以追溯至 H. 斯隆（H.Sloane）勋爵的遗嘱。他于 1753 年去世时的捐赠成就了大英博物馆的建立，但是其捐赠带有明确限制，即博物馆不能收取门票。因此，拥有 600 多万件藏品的大英博物馆，从 1759 年开馆至今，除了 1972 年的几个月外，一直免费对外开放。今天大部分英国博物馆，包括英国美术馆、格林尼治天文台等在内的顶级博物馆和美术馆也实行免费开放。英国博物馆的免费开放政策“因馆而异”，形式灵活多样。其灵活性主要表现在：首先，仅公立博物馆对公众免费开放，民办博物馆一般不免费开放；其次，即使是免费开放的博物馆，如大英博物馆、维多利亚博物馆，也会实行建议门票制，即捐赠制，例如在博物馆入口处设有捐款箱；第三，临时展览实行分级收费；第四，博物馆的相关服务收费，例如租借多语种的语音导览系统，参加博物馆举办的各类讲座与研讨会，类似于“博物馆之夜”的特殊博物馆活动等，都需要收取一定费用[①]。 英国博物馆的免费开放政策，使越来越多的公众得以走进博物馆，同时，也使博物馆在国民生活中的地位越来越不可或缺。“如果说欧洲中世纪的文化中心是教堂，那么21 世纪的文化中心就是博物馆。”[②] 正如“有英国人说，博物馆现在已经取代了教堂在英国社会的地位，是绝大多数人一生中最重要的文化体验”。

长期以来，博物馆向观众发售门票，成为世界范围内的主流做法，博物馆借此建立了一种付费准入制度。但是，经过几个世纪的发展，目前西方国家公立博物馆在实行付费准入制度的同时，大都以各种形式实施有选择的减免制度。例如按时间减免费，包括在每周或每月的某个固定时间实行免费或半费，特定节假日免费或半费，淡季减

---

① 焦丽丹：《免费开放下的英国博物馆（上）》，载《中国文物报》，2009-12-16（7）。
② 王莉：《中国博物馆建筑批判》，载《文物天地》，2002（1），54 页。

免费；按观众年龄减免费，包括对学龄前儿童免费，对一定年龄以上的老年人免费；按观众身高减免费，包括 1.2 米以下的儿童免费；按观众身份减免费，包括对学生免费或半费，对教师减免费，对现役军人减免费；按展出内容减免费，包括对于博物馆举办的公益性展览减免费，对于某种特定展览减免费；对弱势群体减免费，包括对残疾人减免费，对低收入群体减免费等。同时，几乎各国博物馆都普遍实施低廉门票定位，并就博物馆向全社会免费开放进行积极探索。例如日本公立博物馆对高中生以下青少年和 70 岁以上老人免费；“国际博物馆日”和“敬老日”对全社会免费开放；“留学生日”对留学生免费；残疾人及其护理者享受终生免费。近年来，尽管在全球经济危机的背景下，政府公共财政面临一些考验，但是，一些国家的博物馆坚持实施门票减免制度，得到了广大公众的拥护，对于博物馆核心价值的体现和功能与职能的发挥也起到积极的推动作用。

捷克布拉格“博物馆之夜”

在我国，长期以来博物馆所面临的门庭冷落局面，成因包括多方面，除了文化习惯、历史传统、社会风尚等，还有一个不容回避的重要原因，就是博物馆票价高，超过大多数人的心理承受能力。门票制度是博物馆沿袭了数十年的传统做法，虽然博物馆的门票价格一般在10元至100元之间不等，但是，这些门票收入早已成为博物馆经费补偿的主要来源之一。“我们也曾多次看到父母带着孩子在博物馆外徘徊，但最终因门票价格望而却步；还有的只是给孩子买一张门票进去，大人则拿着矿泉水啃着面包在外面等着孩子。这不多不少的门票费却阻挡了众多想进博物馆参观的民众”[①]。问卷调查结果显示，18至34岁的人群受门票价格影响较大，这主要由于他们大多刚刚走出校门，经济实力有限。实际上，这些年轻人有着较强的求知心理，应该对于博物馆有更多的需求。事实上，我国博物馆一直在尝试采取减免门票的方式，增加对社会的回报，按观众年龄及身份减免门票，则是博物馆长期实行的政策。例如学龄前儿童免费、在校学生半费等。从20世纪90年代以来，一些博物馆逐渐扩大了减免门票的范围，例如实行对老年人、弱势群体减免门票等。进入新的世纪，随着国民经济的发展和国家财力的增长，国家开始初步具备实现博物馆更大范围免费开放的能力。

早在2001年1月，北京市就出台并实施了全国第一部博物馆法规《北京市博物馆条例》，其中规定“博物馆应当向老年人、残疾人优惠开放，向青少年学生免费、定期免费或者低费开放”。2001年，北京市部分博物馆开始对市内60岁以上的老人实行免费。2002年，广东省湛江博物馆、番禺博物馆率先宣布常年对社会免费开放，受到社会各界好评。2003年5月，西湖周边的6家杭州市属博物馆实

① 王虹光：《免费开放喝彩中的点滴问题》，载《中国文物报》，2009-03-20（6）。

行免费开放，意想不到的是，仅半年时间参观者就达到120余万人次，而以往半年的参观人数仅为20余万人次。2004年1月起，浙江省博物馆、中国丝绸博物馆等也开始实施向社会免费开放，引起强烈反响。特别是在国内旅游景点纷纷涨价的情况下，西湖周边的博物馆和文物景点却实施了全部免费开放。可喜的是，博物馆免费开放不但没有对城市财政造成负担，反而做出了重要贡献。西湖周边的博物馆和文物景点免费开放前的门票收入大约2600万元。再加上免票开放后由于参观者的增加，在安全、保洁等方面增加的投入，一年需要城市财政补助资金约6000万元。“但是，根据杭州市统计局和杭州市旅游委联合统计，2004年，杭州市的旅游总收入比去年增加了120亿元！”“在120亿元中，至少有40%是由西湖综合保护工程所带来的效益，其中，免费西湖策略的实施更是功不可没。”[①]

浙江西湖博物馆

① 蒋萍，马颖华，雨农:《免费西湖怎样名利双收》，载《文汇报》，2005-02-04（7）。

在国家层面，2004 年 3 月，文化部、国家文物局发布《关于公共文化设施向未成年人等社会群体免费开放的通知》（以下简称《通知》），在将博物馆等公共文化设施的减免费制度进一步规范化的同时，也扩大了减免费制度的使用范围。《通知》要求，从 2004 年 5 月 1 日起，全国文化、文物系统各级博物馆、纪念馆、美术馆要对未成年人集体参观实行免票；对学生个人参观可实行半票；家长携带未成年子女参观的，对未成年子女免票。对持有相关证件的现役军人、老年人、残疾人等特殊社会群体，也要实行门票减免或优惠。随后，2005 年 12 月，国家文物局发布《博物馆管理办法》，要求从 2006 年 1 月 1 日起，博物馆应当逐步建立减免费开放制度，并向社会公布。2007 年 10 月开始，湖北省博物馆试行免费开放，并制定了《湖北省博物馆免费开放管理办法》。在此基础上，该馆于 2007 年 11 月正式向社会免费开放，立即引起强烈反响。实施免费开放的首日进馆观众超过 9000 人次，之后连续几天更是突破了 10000 人次，每天开馆前后，博物馆门前便排起数百米的长队，5 个开放日观众累计达到 67000 人次。调查显示，免费开放之初，观众中 70% 以上是本地居民，50% 以上是学生。这些观众中有 70% 是第一次参观湖北省博物馆。

湖北省博物馆的免费开放，带动了全国各地民众、媒体以及博物馆界对本地区博物馆是否免费开放的关注与思考。城市居民、记者纷纷询问当地文物行政部门和博物馆是否实施免费开放、何时免费开放，一些观众在参观之后留言希望博物馆尽快实施免费开放。问卷调查显示，79% 的人认为免费可以吸引其更多地参观博物馆。人民网的调查显示，67.9% 的网民支持免费开放。他们认为博物馆免费开放是惠民利民的实事，是对纳税人的具体回报。2008 年 1 月，中宣部、财政部、文化部、国家文物局联合发布《关于全国博物馆、纪念馆免费开放的通知》，全国博物馆向社会免费开放工作正式启动，改变了过去我国博物馆实行的以减免费为例外的制度，确立了我国博物馆以免费开放为基本原则的制度。根据《通知》要求，全国各级文化文物部门归口管理的公共博物馆、纪念馆以及全国爱国主义教育示范基地全部实行免费开放。由于博物馆门票收入对于国内绝大多数博物馆来说，都是不可忽略的经费来源，尤其一些经济不发达地区的博物馆，门票收入更是生存的经济命脉。对此，国家财政对免费开放的博物馆实施门票的全额补贴，对于免费开放后新增的工作量及费用，国家财政按照东、中、西三个地区分别给予20%、60%、80%的补贴。

湖北省博物馆免费开放工作调研座谈会

与此同时，国家财政还加大对博物馆、纪念馆陈列展览的投入，以提高博物馆整体陈列展览水平。这些免费开放的政策辐射作用十分明显，出现了全国联动的可喜局面，社会反响良好，达到了政策实施所预期的社会效益。免费开放充分发挥了博物馆服务社会的公共文化职能，吸引更多的人开始走进博物馆，改变了博物馆冷冷清清的局面。从地区情况来看，东部地区、中部地区和西部地区，参观者人次分别是 2007 年的 1.44 倍、1.71 倍、1.79 倍，西部地区增幅最高。青海、甘肃、宁夏等省原有基数不高，在免费开放政策作用下，参观人数翻了一番，甚至两番，甘肃省更达到了 235.11% 的高增长率，广大民众的参观热情得到巨大的释放。这组数据表明，在经济文化并不发达的中西部，尤其是西部省区，门票是困扰广大民众走进博物馆的一个主要障碍，免费开放政策的实施，正是降低了这一有形门槛。从行政隶属级别来看，参观人数增幅最大的是省级博物馆。2008 年，66 座省级博物馆接待观众总数为 3710 万人次；241 座地市级博物馆接待观众总数为 5611 万人次；697 座县级博物馆接待观众总数为 6110 万人次；同比分别增长 1.91 倍、1.58 倍、1.47 倍。这组数据表明，省级博物馆地理位置好、馆藏资源丰富、服务设施配套、陈列展览水平较高等优势，在免费开放后发挥了重要作用。

免费开放后博物馆观众结构呈现多元化趋势，其中未成年人、低收入群体、农民工、村镇居民、老人和儿童的参观人数较免费开放前有了大幅度提高。特别是全国各地免费开放的博物馆，成为众多青年学生的文化盛宴。例如湖南省博物馆免费开放后，观众的主体是 18 岁至 36 岁的青年人，占到观众总体的 75.9%；观众的职业构成以学生为主，占一半以上。由此笔者联想起 2007 年 12 月，在甘肃省博物馆调研时看到的情形。当时在展览大厅里十几位大学生围着展柜聚精会神地观赏，有的学生还在做着笔记，看到同学们如此喜欢博物馆的陈列展览，我们心里很高兴，就约他们一起开了个座谈会。从同学们的介绍中了解到，他们是学习旅游专业的大学三年级学生，平时经常从甘肃省博物馆门前走过，虽然很想进来参观，但是35元钱的门票却始终挡住了他们的脚步。“一大碗兰州拉面过去只需要2元钱，最近涨价了也才3元钱，而一张博物馆的门票等于我们10多天的早餐费用。实在不好意思再向家里要钱参观博物馆。正好今天甘肃省博物馆搞社会评议活动，我们得以免费进博物馆参观，陈列展览的内容对于我们在校课程学习很有帮助。”博物馆免费开放政策的实施，无疑使这些青年学生成为真正的受益者。

博物馆免费开放还使城市中的“农民工”走进了博物馆。据天津市统计，博物馆免费开放后，农民工数量占全部观众的8%以上，这是前所未有的现象。农民工离家在外，终日辛勤劳作，所得工资绝大部分用来补贴家用和日常生活开销，不可能将钱用于高雅文化消费。因此，闲暇时间他们通常仅靠聊天、打牌来消磨时间，条件好一些的也只能围在一起看看电视，精神文化生活单调、匮乏。博物馆免费开放，为农民工打开了了解传统文化、民族文化和地域文化知识的窗口，弥补了精神文化生活的空虚，也为提高他们的文化素质开辟了新的途径。以前舍不得花钱到博物馆参观的农民工，也相继加入了参观者的行列。农民工走进博物馆，活跃了他们的文化生活，也为博物馆增加了新的服务群体。“敞开怀抱”让普通民众真正享受到基本的文化权利，“让所有人都能参观得起”是博物馆免费开放的宗旨。博物馆免费开放是利于民的好政策，必须用长远的、发展的、大局的眼光来看待这一政策，必须从公众享有文化权益，博物馆肩负社会责任的角度进行思考和把握。免费开放拉近了广大民众和博物馆的距离，博物馆不只是“政府”的博物馆，更多的是“我们”的博物馆，这种权利的回归，使广大民众成为城市真正的主人，成为博物馆真正的主人，从而更好地加入到城市文化资源保护和城市文化建设中来。

2008年4月9日，《人民日报》海外版以《中国博物馆迎来免费时代》为题，对“全国博物馆向社会免费开放”这一重大文化事件给予了热情报道。从一次性实施免费开放的数量和力度来看，此次我国博物馆免费开放在世界博物馆领域前所未有。为此，全国博物馆界面临着巨大的挑战和机遇——如何通过免费开放，使博物馆明显提高社会贡献率，同时，以免费开放为契机，推动博物馆管理体制改革和机制创新，使博物馆更加充满生机与活力，更加融入社会、惠及民众，从而使博物馆的功能和职能得到充分发挥？博物馆全面实施免费开放是新生事物，目前还有待于进一步完善，免费开放实践与理想的政策目标之间也还存在一段距离。免费开放是我国文化政策的重大调整，但是与之相适应的配套政策和措施尚未跟进。如《博物馆条例》尚未出台，法人治理结构尚未建立，奖勤罚懒制度尚未落实，博物馆管理体制和运行机制亟待改革；博物馆免费开放的服务标准、展厅文物保存环境标准等亟须制定，提升博物馆的现代化管理水平迫在眉睫；专业人员资格、专业机构资质等管理办法亟待出台，提高博物馆人员的自身素质已摆上了博物馆发展与繁荣的议事日程；制定相关税收减免优惠政策，引导和鼓励博物馆开发文化产品，也已成为博物馆可持续发展的重要议题。

五、探索服务民生的方法

随着社会的进步，人类对城市环境的追求已经由功能型向生态型、物质型向文化型逐步演化。城市景观作为城市的一个重要外在表征，其自身变化与城市发展密不可分。尤其是“文化是城市灵魂”的观念必然促使人们对城市景观内涵的认识发生根本性的转变，开始对城市功能实现、生态发展、文化传承三者在时空上的合理配置予以期待[①]。作为自然的人，需要良好的“生存环境”，作为社会的人，则需要健康的“文化环境”。人们对由“生存环境”和“文化环境”所构成的“生活环境”改善充满期待[②]。美国学者 L. 芒福德（L.Mumford）积极提倡城市人居环境建设，他在巨著《城市发展史》中，对人类城市发展究竟是以生活文化导向为目标，还是为了促进技术无止境地扩张进行了讨论。他认为西方正向第二种路线越走越远，而在第一种路线中，他特别引用了我国的《清明上河图》：“各种各样的景观，各种各样的职业，各种各样的文化活动，各种各样人物的特有属性——所有这些能组成无穷的组合、排列和变化。不是完善的蜂窝而是充满生气的城市。”“城市的内在生活丰富多彩，城市生活与城市文化融合在它所构成的物质环境中延绵百世。比如《清明上河图》，就非常写实地、准确地表达了 12 世纪中国城市的丰富多彩和它绚丽的面貌。”[③]

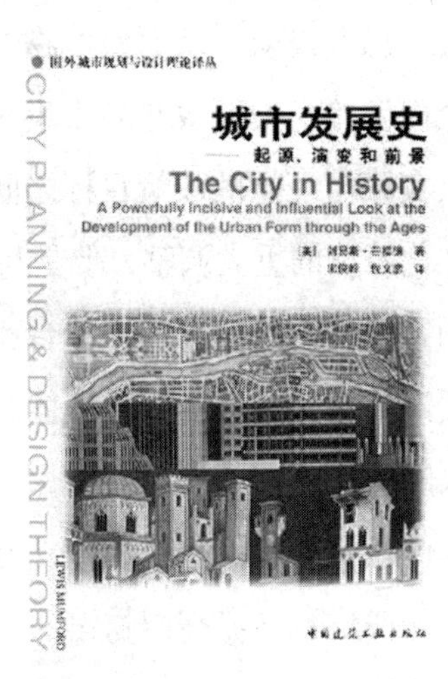

《城市发展史》书影

D. 格鲁考克 (D.Grew Hancock) 指出：“作为地点博物馆的城市博物馆完全可以合理地把 21 世纪城市生活的各种问题放在一起综合考虑，而其他公共设施是没有这个可能的。”[④] 尽管博物馆是为社会

① 熊向宁：《生态·文化·功能》，载《规划师》，2000（3），48。
② 杨戌标：《现代城市发展中历史街区的保护与复兴——杭州河坊街保护的实践与研究》，载《城市规划》，2004（8）。
③ 吴良镛：《展陈中华智慧，好！》，载《光明日报》，2010-05-03（2）。
④ 邓肯·格鲁考克：《城市博物馆和城市未来：城市规划的新思路与城市博物馆的机遇》，载《国际博物馆》，2006（2）32。

及其发展服务的、向公众开放的非营利性常设机构，在发挥教育、研究、欣赏等功能上具有显著的优势，但是，目前博物馆文化服务民生的能力亟待提高。一方面，博物馆事业在服务民生的体制机制、方式方法方面还有待系统化、制度化。如何从服务民生的意识、内容、措施、质量、效果、绩效评估等方面加以策划，提高服务民生的能力，博物馆在这方面拥有较大的提升空间：诸如博物馆如何从自身藏品资源的优势出发，提升展示传播水平，增强展示的互动性，以切实满足公众需要？如何加强馆际交流与合作，不断推出优秀的主题展览，保证相关文化产品的质量和水平，以吸引观众、留住观众？如何深入发掘内涵，提高科技含量，充分吸收学术界和考古界的最新研究成果，体现博物馆教育职能？这些问题普遍存在，但是没有制度化的解决方案，使博物馆服务民生的作用难以全面发挥。另一方面，作为公益性文化设施，服务民生应该涉及博物馆的各方面职能，而目前往往仅将陈列展览、讲解服务作为服务民生的具体职能，而博物馆其他部门和工作职能似乎与服务民生没有关系，这种片面认识对博物馆服务民生的职能实现造成障碍。

今天，公益性的文化事业主要提供公共性文化产品和文化服务，适应并确保以纳税人为主体的全社会的基本文化需求。博物馆应当清醒地认识到，社会上的不同人群有着不同的文化背景，因此应注意细分观众群体，满足社会各阶层文化需求。博物馆不能忽视在城市经济、文化领域处于底层和被边缘化的人群。包括拥有户籍的城市低收入民众、没有户籍的外来人口，还有非常态生活的特殊群体。例如目前北京市流动人口超过500万，外来人口在城市生活和社会运转中发挥着不可替代的作用。但是，其中的外来务工人员收入微薄、社会地位低下，常常被社会主流忽视，在日常生活中很少享受社会主流的文化成果，同时，外来务工人员的工作、生活的不稳定性和身份的不确定性，在特殊条件作用下，甚至成为社会不安定因素。今天，对于老龄人口的关怀和照顾，是衡量一个国家文明程度的重要尺度。老龄人口直面的不仅是老有所养、老有所医的生存问题，还涉及老有所为、老有所乐的精神需要。老龄人口精神世界的丰富性，也是判别社会进步程度的鲜明准则。博物馆作为公益事业，有义务，有条件实行方便老年观众参观的措施，根据老年观众群体的特点，修正展览和开放服务要求，依据老年观众的需求开展特定主题的展览和形式多样的文化活动，使老年观众在安全、舒适、方便的环境中享受博物馆文化。

建立有效的观众调查、信息反馈机制是实现博物馆与广大观众对话交流的基本保障，可以使博物馆准确有效地了解服务对象的反映，评定博物馆文化传播的成效，从而使决策更加科学化。因此，在未来的博物馆发展中，进行观众调查是必须重视的基础工作，内容包括各类专题调查，例如陈列评估调查、教育项目调查、消费倾向调查等。近年来，国外博物馆观众调查除了了解观众的数量与人口学特点，例如年龄、地域、职业、收入、教育背景、个性特征等，还更多地关注观众在博物馆的参观特点，一是关于观众在博物馆的活动，包括观众来馆次数、参观到达区域、使用馆舍设施、参观展览种类、参观展览时间、消费活动项目、消费资金数额等情况；二是关于观众对博物馆的评价，包括观众对博物馆的展览或服务满意与否、观众对不同展览或不同服务项目的满意程度、观众对展览印象最深刻的内容；三是关于观众今后的参观意向，包括以后是否会再来馆参观、是否会推荐其他人来馆参观；四是关于潜在的观众群，包括观众从何处了解到博物馆信息、还有哪些潜在观众、利用什么交通工具来馆等。调查的方法主要有抽样调查、范样调查、个别谈话、信件调查、网上调查、电话调查等，也可以用个别访谈或座谈的形式深入了解某些特定问题。

深入地了解观众是我国博物馆的当务之急。观众是博物馆的立馆之本，是博物馆的起点，博物馆一切效益和成就的实现都依赖于观众的参与和支持。博物馆的第一要义是服务观众，适应观众的广度、深度和结构，让尽可能多的公众认知博物馆、走进博物馆、分享博物馆。要获得观众满意，首先要了解观众需求，而要真正了解观众需求，就必须对博物馆观众进行全面科学的调查研究。2008年春节，营口博物馆举办了“大年前后——辽南年俗文化展”，展览借用当地一位民俗收藏家的实物展品，再现了清末民初普通百姓人家过年时的喜庆场景，当展览还在筹备之中，通过报纸的宣传，吸引了众多热心市民和社会团体的支持和参与。老年书画研究会的书法家义务题写春联、春条作为展览的辅助展品，免费赠送，烘托春节氛围；剪纸协会的艺术家免费提供剪纸作品，作为猜灯谜活动的奖品；热心市民出谋献策，主动参与各项活动，营造节日喜庆气氛；老年观众担任展览义务讲解，用亲身经历和感悟向观众传达民族传统和文化精神。营口电台针对此次展览先后制作了五期专题节目，使展览所传达的文化内涵更加深入人心①。博物馆必须着眼于长远，实行大众化的教育，提升公众的知识素养，沟通共享的意义空间，获取观众的情感认同，从而使博物馆文化走向民众生活、深入民众文化、渗入民众思想。

博物馆的陈列展览，可以通过大时空的叙事手段，展现文化脉络，将民族传统、地域特色、时代精神紧密结合起来，取得意想不到

① 贺雅贤:《创建没有围墙的博物馆》，载《中国文物报》，2009-08-05（4）。

的效果，从而使历史更为庄严，使文化更为深邃。杭州南宋官窑博物馆是我国首座依托古窑址建造的陶瓷专题馆。1992 年正式对外开放，2006 年博物馆实施二期扩建，新增中国陶瓷文化陈列厅、陶艺培训中心、临时展厅及仿古瓷工厂等部分，目前博物馆已成为集收藏、展示、教育、休闲等多种功能于一体的陶瓷文化中心。南宋官窑博物馆所有的活动项目都围绕“陶瓷”展开，打陶瓷品牌，作陶瓷文章，深受参观者的欢迎。博物馆注重发掘自身优势，开设了一处情趣盎然的“陶艺培训中心”，观众可以亲身体验古代陶瓷艺人用泥与火创造陶瓷文化的艰辛与乐趣，在拉、捏、拍、揉中创作出独具个性的陶艺作品。博物馆注重公众参与互动，开辟一个约 60 平方米的互动区，设置了“陶瓷拼装”“陶瓷连连看”“物归原主”“釉变游戏”“陶瓷问答”等数种游戏供观众选择，使人们在不知不觉中获得与陶瓷相关的知识，加深对陶瓷文化的认知和传统工艺的理解。杭州南宋官窑博物馆还推出面向未成年人的“考古小专家——模拟考古活动”。同时，“流动的陶瓷博物馆”带着流动展览，陶瓷讲座进入学校、街道、社区、公司，普及陶瓷文化，博物馆先后在多个街道、社区举办陶瓷文化讲座，在多所学校开办陶艺教学课程等等[①]。

随着博物馆文化融入社会的程度不断加强，博物馆惠及民生的不可替代作用已经无可辩驳地清晰展现。“人类只有精习过往，方可开拓未来；只有起步宏基，才能跨越发展；只有体近而知远，方可察显而识微；只有固本而纳异，才能强已而行远”[②]。任何一座博物馆，无论是何种类型，均承载着一定的文化内容，而这个内容既有其相对稳定的特征，也有其发展变化的一面。日本江户博物馆经

① 孙媛：《新时期博物馆的选择——以杭州南宋官窑博物馆为例》，见《携手 2010：国际宁波博物馆高峰论坛》，115，非正式出版物。
② 艾斐：《占据文化发展的制高点》，载《人民日报》，2007-05-17（9）。

常举办各种“通俗讲座”，为普通市民讲解博物馆平日的研究成果，有时也根据讲座的内容从馆外聘请讲师。最初规模较小，目前讲座数量逐渐增加，已经发展成为较大规模的博物馆教育活动，仅 2007 年就举办了 177 次讲座，听众逾 1.3 万人。讲座的内容非常广泛，如“江户的古文书”“看江户的绘画书”“欣赏江户博物馆馆藏的浮世绘”“江户的教育”等，还配合博物馆举办的“北京故宫、书法名宝展”专题展览，举办了“王羲之‘兰亭序’的魅力”“从宋朝四大家到明清时代的个性派画家”等讲座。听讲费根据讲课的内容有所不同，平均每次 1000 日元，全年收入超过 1000 万日元[①]。 2004 年夏季，香港历史博物馆在走廊上以屏风形成了一个小型展览，以市民的口吻介绍各个家庭的拿手家常菜，通过菜谱解释乡土文化与传统，吸引了很多在此路过的家庭驻足观看和讨论交流。

面向全体公民的博物馆文化，应当便于人们近距离、经常性地享用，应当保证人们方便、顺利地获得。没有便利性，就难以实现公益性；没有便利性，就难以实现公平性。当今世界，普遍存在区域发展不平衡、文化资源不均等、社会服务不便利的情况。由于受到区位条件和经济条件的限制，很多民众难以享受到博物馆文化，这就要求博物馆必须更加扎实地走向基层。近年来，一些国家的博物馆设立流动展览车，采用将陈列展品布置在汽车里开到各地去展出的方法，受到偏远地区学生和公众的欢迎。澳大利亚南威尔士博物馆还建立了一列“火车上的博物馆”，用了 7 年时间跑遍面积约 80 万平方公里的新南威尔士铁路沿线的村镇。泰国国家科技馆在 10 年前就开始了一个叫“科学大篷车”的活动，

① 竹内诚著：《根植于所在地区的博物馆活动》，载《沈阳故宫博物院院刊》，王铁军，译，2008（6），11 页。

将展品带到泰国的每一个府，让更多民众能够参观。例如在边远地区的博物馆布展，邀请当地人提供展示物品，通过展示和教育普及渔业生产的知识，帮助一些地区动植物的重新培育；“学校里的植物园”项目，通过邀请学生关注他们所在地的特有植被，种植当地特有的植物，参与当地的生态保护。希望借助博物馆的影响力，通过策划各种活动，让更多当地民众参与到享用自然、理解自然和保护自然的行列之中[①]。

近年来，四川博物院“大篷车流动博物馆”成为该院的一个常设机构，在全国属于首创。“大篷车流动博物馆”设有馆长、副馆长、协调办、讲解组、公众服务组、对外宣传组、安全保卫组等机构，紧紧围绕“把公众需求当成我们追求”的宗旨，把文物展览办到边远山区、民族地区、革命老区，走进校园、走进营房、走进社区，把厚重的历史文化知识和爱国主义教育，以通俗易懂的方式和朴实的语言传达给民众，把各种实用技术带到基层。同时，帮助基层建立门类有别、形式多样、民众喜欢的乡村博物馆，使“博物馆从象牙塔里走进缤纷的大千世界”。从2010年年初开始的“大篷车流动博物馆”活动，三辆大篷车，带来了50件馆藏精品文物，所到之处，场场爆满。“大篷车流动博物馆”第一站前往革命老区巴中，从大年初二到初四，举办了3天的展览，不少民众都是起大早，赶几十里山路前来参观。目前“大篷车流动博物馆”已经形成了自己的一整套实践经验，从前期调查，到文物装箱，再到现场展示，无不体现出博物馆人的智慧，凝结着博物馆人的汗水[②]。

① 章迪思，梁建刚：《自然博物馆：重建中的若干可能》，载《解放日报》，2009-11-30（5）。
② 魏贺：《文物展办到老乡家门口》，载《人民日报》，2010-05-06（15）。

四川博物院流动博物馆

向媒体通报故宫博物院观众接待情况

（2012年7月6日）

故宫博物院新闻发布会

一、关于2012年暑期观众接待方案

今年截至6月27日，故宫博物院共接待中外观众6496563人次，比去年同期的5549271增长了17.07%。2012年暑期即将来临，观众数量不断攀升，对故宫博物院的开放安全造成了极大压力。为做好我院暑期观众接待的各项工作，本着“安全第一、防患未然”的原则，结合工作实际和以往假期接待经验，特制定本方案。

一是加强领导，为暑期接待工作提供组织保障。为保障接待工作有序开展，特成立故宫博物院暑期开放工作领导小组，全面统筹和协调暑期接待工作。领导小组负责暑期接待的组织协调和指挥工作。按照分工明确、责任清楚的原则，认真制定和完善各项应急预案，做好安全检查、值班安排等各项工作，为暑期接待工作提供有力保障。同时，明确各部门工作职责，各部处应严格服从领导小组的统一指挥，恪尽职守、协同合作，共同维护故宫博物院暑期工作秩序。例如院办公室负责在故宫博物院网站和社会媒体上发布暑期开放有关信息。保卫处应加强与城市管理部门、天安门管理委员会、驻院派出所的合作，强化治安巡查小组的作用，治理神武门外、午门外、端门区域环境，严厉整顿打击票贩子、黑导游、小广告等扰乱观众正常参观的非法行为。行政服务中心应做好后勤保障工作，解决一线职工午餐、饮水供应等问题，班车必须等候开放管理处负责封门的职工。各一线部门需加强对职工的教育，杜绝态度恶劣等不文明行为，以饱满的热情、周到的服务，树立良好的服务形象。坚持各岗 24 小时专人值班和院领导带班制度，及时处理突发事件。

二是积极疏导，有效缓解拥堵。采取提前开门。7 月 7 日至 8 月 26 日，每天提前半小时即 8:00 开门。增加售票窗口。打开端门西朝房的部分售票窗口，使售票窗口总量达到 25 个以上，减少观众购票排队时间。设置缓冲区域。在端门西朝房专设旅行社团队售票窗口。由保卫处在广场中间区域设置旅游团体候票区，并设“团体候票区”指示牌，由工作人员将旅游团队引导到该区域等候，待导游办理购票手续后，再带至午门广场检票口，最大限度地减少午门外广场内的客流量。畅通出入口和通道。拓宽端门至午门御道处北侧栅栏入口。例如在现入口处沿东、西向各拆掉3个栅栏，增大午门广场入口，安排工作人员加强阙左门与阙右门横向进出人员的疏导，防止在午门广场入口处形成人流拥堵。实施开放路线客流疏导方案。完善午门区域、三大殿区域、后三宫区域、御花园区域等处的指路牌设置。增设疏导人员岗位。在保和殿大石雕两侧台阶、吉祥门、御花园堆秀山处、延和门、承光门、顺贞门东门和中门增设疏导人员岗位，引导观众由南向北单行。调整开放通道。开启景和门、隆福门、皇极门西墙门、奉先门西墙门、凝祥门、苍震门，打开箭亭至东华门通道，分流观众。增加广播次数。宣传教育部增加开放区域广播次数，闭馆清场的广播结束时间延至17：30。暑期正逢雨季，如遇雷雨天气，广播室应及时提醒观众注意避雷。控制进出车辆。暑假期间上午8：30以后禁止各种车辆进出顺贞门、神武门内广场和午门内广场，确需运货车辆统一走景运门、隆宗门。

三是安全第一，落实各项安全措施。做好突发事件的应急预案。制定完善文物安全预案，人流疏散预案，防盗抢预案，防火、防爆、防恐等预案，以及火险处置、盗情处置、治安事件处置、踩踏事件处置、行为异常人处置、不明物体处置等方案，以保证及时、妥善处理各类突发事件。加强对院内各销售网点的安全检查。对院内各快餐店、食品店等餐饮场所和店铺进行安全卫生、诚信服务内容的检查，严格管理食品安全卫生，杜绝强买强卖和变相强迫消费等现象，严查假冒伪劣产品。对检查不合格者应当场指出并要求整改，整改不成功者，相关主管部门需做好进一步调查处理，并将结果报院。加强对施工工地的安全管理。工程管理部门、保卫处应组织专门人员彻底排查施工工地的安全隐患，做好暑期的工地安全巡查工作，杜绝安全事故。在开放时间各施工现场一律不得进行运料施工。做好外来民工的进出管理，严格限定其活动区域。加强交通安全管理。在开放时间，严禁一切车辆（除救护车、警务车、运包车等特殊车辆之外）出入开放区域，禁止任何机动车辆出入顺贞门。如有违反，按院交通规定加重处罚，并取消车辆进院资格。

四是以人为本，提高服务质量。认真做好暑期来院参观人员的接待、讲解、安保等工作，提供热情周到的服务，保障暑期接待工作顺利开展。做好观众救护预备工作。在端门和景运门外各设 1 辆 120 急救车，为观众提供应急医疗服务，及时处理紧急情况。在箭亭恢复急救站，由急救中心医生值班，处置观众突发急病事宜。注意院容环境维护。为解决观众如厕排队问题，在端门增开 20 个临时厕位。根据今年“五一”接待的成功经验，结合当前人流情况，于 7 月 21 日至 8 月 20 日在午门西和神武门外增加 2 台拖挂式临时厕所，并进行充分预判，若有不足及时增加。增加保洁人员 50 名，果皮箱 30 个，路线内路椅做适当调整，保持院内环境整洁有序。如有暴雨，导致一些区域出现较大积水，相关部门应及时清理。观众投诉受理。在暑期前向社会公布故宫博物院观众投诉电话，并设专人值班受理，对观众投诉和各级部门转来的投诉及时处理，耐心解答。

二、关于故宫博物院暑期举办的系列活动

一是“故宫知识讲堂”。为丰富中小学生暑假期间的文化生活，让更多的学生和家长走入故宫博物院、了解故宫博物院丰富的文物藏品，更好地宣传传统文化，故宫博物院在 2012 年暑期拟继续举办“故宫知识讲堂”系列活动。活动时间：7 月 27 日至 8 月 18 日每周五和周六的上午 9:00—10:30。活动地点：昭德门东侧的青少年活动中心。讲座主题：“神兽通灵”“吉兽献瑞”“佳果呈祥”“花木传情”

四期讲座。活动对象：小学三年级至初中三年级学生和陪同的一名家长。

二是“文化遗产系列宣传讲座”。为提高社会公众对文化遗产保护重要性的认识，增强全社会的文化遗产保护意识，动员全社会共同参与、关注和保护文化遗产，故宫博物院在2012年暑期拟继续举办“文化遗产系列宣传讲座”系列活动。活动时间：5月至11月（活动始于5月份，延续到暑期后）。活动地点：故宫博物院报告厅、北京市大专院校。讲座主题：《紫禁城的文物医院》《故宫古建大修》《故宫书画赏析》《故宫珍宝赏析》《故宫钟表赏析》《故宫陶瓷赏析》《故宫玉器赏析》《故宫金银器赏析》《故宫青铜器赏析》等。活动对象：社会公众（限定350人）。

三是“观众对博物馆服务需求及满意度”问卷调查。近年来，故宫博物院参观的观众数量每年都在递增，在保证安全接待来自世界各地观众的同时，提升观众服务质量势在必行。暑期是故宫博物院参观接待的高峰，为更好地为广大观众服务，从7月下旬至8月底，故宫博物院将择日在院内进行“观众对博物馆服务需求及满意度”的问卷调查。每日向观众发放800份中文、160份英文的调查问卷，并赠送小纪念品。

四是“科学·艺术”教育活动。为了丰富学生暑期生活，增强学生的社会实践活动能力，挖掘并传承中国优秀的传统科学技术与文化内涵，故宫博物院与中国儿童中心共同开展“科学·艺术”教育活动。活动以主题课程、现场讲座、实物参观、主题游戏或比赛为主要形式，并结合讲授、展示、参观、实践、互动体验等教学手段，以课堂教学为核心，有机结合社会实践活动。该活动从科学与艺术的视角出发，引导学生了解中国传统文化，并将传统理念应用于当代生活实践。活动时间：2012 年 7 月至 10 月。讲座主题：《结构的奥妙——中国木构建榫卯结构技术鉴赏与探秘》。活动对象：小学高年级和初中一、二年级学生。

“故宫知识课堂”活动（2014 年 7 月 25 日）

三、关于“文化国门——故宫印象”项目

首都机场是首都北京的窗口，也是国家的形象。2011 年，首都机场旅客年吞吐量世界排名第二，大约 7800 万人次。2011 年，首都机场出入境旅客总数约 1700 万人次，出入境旅客总数约 1300 万人次。“文化国门——故宫印象”文化展示项目是故宫博物院与北京首都国际机场战略合作协议的第一期成果，位于首都机场 T3 航站楼 E19 国际中转旅客休息区，展厅面积约 50 平方米，于 2010 年 12 月正式启动，2012 年 6 月正式竣工。项目内容由故宫博物院主持设计和研发，以数字视频、电子画廊、增强现实和全息投影等数字技术，

展示紫禁城古建及故宫珍贵藏品。节目内容均以中英文双语演示。

“文化国门——故宫印象”文化展示项目是数字故宫建设十余年来，首次以数字博物馆的形式，让故宫所蕴藏的丰厚文化资源走出紫禁城、走向世界的创新尝试。该项目将借助首都机场的重要窗口，依托故宫丰厚的文化资源，为中外旅客介绍伟大的中华文化，营造卓越的出行体验，以加强同世界各国的文化交流，扩大中华文明的国际影响力。其中“文化国门——故宫印象”项目包含的数字视频节目有《故宫是座博物馆》《朱棣肇建紫禁城》《古陶瓷之美》《从陶到瓷》《紫禁城建筑之美》《紫禁城营缮纪》《中国书法欣赏》《中国绘画欣赏》《紫禁城·天子的宫殿》《故宫古建藏品影像精粹》等。“文化国门——故宫印象”项目包含的交互节目包括故宫博物院网站、电子画廊、陶瓷魔境、玉器幻像等。

在邮政服务开通仪式上的讲话

(2013 年 5 月 18 日)

今天是国际博物馆日。对于故宫博物院来说，也是一个值得纪念的日子——经过努力，邮政服务面向每一位故宫博物院的观众正式开通。

故宫博物院邮政服务开通仪式

从今天起，一张张来自故宫博物院，加盖着“故宫博物院”字样邮戳的明信片，将会从故宫的太和门，从我身后的这个邮筒源源不断地寄往世界各地。我认为，从这里寄出的不仅仅是一张张普通明信片，它们是一段段美好的记忆，保存着人们在故宫博物院参观的见闻、心情、感悟；它们是一座座友谊的桥梁，使故宫文化力量更加强大，传播四方；它们是一张张盛情的邀请，欢迎更多的朋友光临参观。

邮政服务的开通，标志着故宫博物院的观众服务水平又迈上了一个新的台阶，希望这项措施也能鞭策每一位故宫人，要更加热情、细致、全面、周道地服务好每一位观众，尽自己所能，为他们营造与历史对话的机会，与文化牵手的氛围，使他们愉悦心情、收获知识，把最好的故宫博物院全方位地展示给他们，为他们留下终生难忘的记忆。

祝愿每一位观众都能在故宫享受一段美好的时光。故宫博物院也将一如既往地为每一位观众提供更优质更精致更人性化的贴心服务。

在故宫博物院与国家大剧院合作框架协议书签约仪式上的讲话

（2013 年 5 月 18 日）

与国家大剧院合作签约仪式

非常高兴与国家大剧院在“国际博物馆日”签署双方合作框架协议。武英殿是清宫内务府刻书处所在，清代官刻书籍基本全部出自这里，“殿本”书之称也由此而来，具有深厚的文化底蕴。现在故宫博物院将其辟为书画馆，展陈故宫藏历代书画，以珍贵的中国传统书画作品来传播故宫文化，延续武英殿的文化命脉。今天我们在这里签约意义非凡，可以感受文化、聆听音乐、融会古今、展望未来，传统与现代相得益彰，我们也将加强合作、不断创新，为我国文化艺术事业的繁荣贡献力量。

故宫是我国第一批被列入《世界遗产名录》的世界文化遗产。故宫博物院是世界上文物藏品和文化资源最丰富的博物馆之一，在院藏的180余万件珍贵文物中，戏曲、音乐类文物也十分丰富和重要，需要一个好的平台去展示和再现中国传统艺术，延续这类文物的生命活力，也让更多公众感受到传统艺术的魅力。国家大剧院是中国最高表演艺术中心，秉承“人民性、艺术性、国际性”的宗旨，目前已经发展成为全球规模最大、现代化程度最高、艺术生产能力非常活跃的国家表演艺术中心，并致力于将传统文化与现代艺术进行融合与创新。双方都有丰富的资源，既有合作的条件，也有合作的需求，同时我们也有合作的经验。

故宫博物院与国家大剧院早有良好的合作基础，就在去年的今天，双方特别策划了国家大剧院五月音乐节在故宫博物院的公益演出活动，用大提琴演奏方式将人们耳熟能详的经典作品呈现给公众，为紫禁城增添了一抹别样的艺术气质。今天，国家大剧院将为我们带来又一场同样震撼的音乐会，让博物馆观众在这个特殊的节日里，感受到中国传统书画艺术与现代音乐艺术的交融与碰撞，享受别具一格的视听盛宴。

双方将以此次签约为新的起点，在未来的合作中发挥各自优势，整合资源，联合举办戏曲、音乐类文物的展览及高水准的高雅音乐演出，展示珍贵文物，丰富观众体验，普及音乐艺术。同时，双方也将在博物馆管理、传统文化培训学习上互相合作。

祝愿我们双方合作愉快，共同为文化的传承与传播、艺术的创作与发展，为丰富公众的文化生活和艺术体验贡献力量！

博物馆免费开放实践的回顾与思考[①]

（2013年6月25日）

“免费开放”的观念在法国与第一家博物馆同时诞生，1793年，法国第一家公立博物馆，即中央艺术博物馆在卢浮宫成立，该馆自成立之日起就对观众免费开放。随后由于欧洲各国在收藏艺术品方面的竞争日益激烈，博物馆经营和管理的成本上升，因此，博物馆是否应该收费成为19世纪末法国国民议会的重要辩论内容。1921年12月，法国政府颁布政令，规定博物馆的门票价格为1法郎，周日与节假日仍然免费，法国博物馆从此进入了有偿服务的时代。这一颠覆性的举措曾在当时引起了广泛的社会争论。在随后的60年间，人们虽然已经接受了博物馆收取门票的做法，但是迫于社会舆论的压力，博物馆的门票价格鲜有变动。

直至80年代，博物馆参观人数骤然上升，一些博物馆相继进行了翻修和扩建，门票价格也随之上调，启动了博物馆提高收费的尝试。1988年至1996年，伴随着“大卢浮宫改建工程”，卢浮宫艺术博物馆的门票价格由18.26法郎升至35.73法郎，付费参观人数上升了70%，门票收入翻了3倍。1990年，卢浮宫艺术博物馆取消了周日免费开放，代之以收取半价。与此同时，其他博物馆也纷纷提高门票价格。1996年，为了遏制这一趋势，法国决定试行国立博物

① 此文发表于《福建文博》2013年第2期。

馆每月第一个周日免费开放的政策，期限为两年。在试行期满后，政府又决定将这项政策无限期执行，范围限制在巴黎大区的23座和其他地区的11座博物馆。

目前，全法国已有21%的博物馆每月有一次完全免费开放，国立博物馆的观众中有37%享受免费参观。总统萨科奇上台后不到3个月，便强调扩大公益性文化机构向大众免费或优惠开放的程度，要求在部分博物馆中试行免费开放措施，并逐步推广。这一要求引起了业内外人士的广泛议论，有人饱含期待，有人忧心忡忡，一场为期6个月的博物馆免费开放试行就此拉开帷幕。免费开放试点涉及18座国立博物馆，期限为2008年1月1日至6月30日，免费开放的部分仅限于常设展览。为了避免其他因素的干扰，政府对上述14家博物馆，在地理位置、藏品年代、主题功能等方面都做了认真选择，以保证其在法国各类博物馆中具有代表性。

试行免费开放的主要目的是分析门票价格因素对观众参观博物馆的影响程度。由于每个博物馆的实际情况各不相同，具体措施也有所区别，如卢浮宫艺术博物馆、奥塞博物馆、盖·布朗利博物馆和蓬皮杜艺术中心等4家博物馆，在没有实行免费开放之前的接待人数已经非常庞大，在此基础上实施对所有观众免费开放恐将超出博物馆的承受能力，所以只是对18岁至26岁的年青群体试行每周一次的晚间免费参观，而其余14家博物馆则对所有观众免费开放。历时6个月的免费开放试点结束后，官方迟迟没有公布结果，只是通过媒体透露，在免费开放期间，博物馆的参观人数较以往增加了56%，其中有3/4是博物馆的老顾客。

如今法国在博物馆免费开放问题上继续进行着艰难的探索。针对观众参观时间的调查显示，实行免费开放后，人们得以更从容地仔细欣赏每件艺术品，在单个艺术品前驻足停留的时间得以延长，反映出博物馆教育功能得到了更加充分的发挥。但是，也有不少人对博物馆免费开放表示担忧。担心免费开放造成了一些博物馆和某些展厅人满为患，让博物馆的接待工作承受过大的压力，在一定程度上降低了服务质量，由于无法为观众提供良好的参观环境，也降低了观众的参观质量，从而使博物馆的公益性受到影响。更令人担心的是，观众过多使博物馆藏品的安全环境受到威胁。

同时，一些法国民众担心在国家逐步缩减对博物馆的经费支持，艺术品价格呈几何倍增长，金融危机影响不断扩大的背景下，继续实施免费开放会让国家本来就捉襟见肘的文化预算雪上加霜。另外，担心免费开放造成的资金缺乏，将会迫使博物馆在商业化的道路上越走越远，背离其非营利的性质。法国是世界第一大旅游目的地国，每年接待 7000 万左右的国际游客，这些游客中有很多就是为参观法国举世闻名的博物馆而来，这意味着免费开放的最大受益者是外国游客，而不是法国民众，这无异于用法国纳税人的钱为他国公民服务，以捍卫自身利益著称的法国人绝对无法接受这样的逻辑。由此看来，在法国全面实施博物馆免费开放尚待时日。

1997 年，进一步实施博物馆免费开放，成为英国政府实行的文化政策中一项核心内容。这项政策在当时存在很多争议，例如一些人认为免费开放导致参观人数激增，致使博物馆维护费用增加等。英国政府因此谨慎地将博物馆免费开放分为三个阶段进行。1999 年 4 月，首先实现所有儿童免费参观博物馆，当年参观博物馆的儿童人数增加了 1/5。2000 年 4 月，实现退休人员可以免费参观博物馆，老年参观者人数当年激增 40%。2001 年 8 月，政府提议并通过议案，凡被政府指定免费向公众开放的国家博物馆，返还其全部增值税，走出了英国实现博物馆免费开放的关键一步。

2001 年 12 月开始，英国联邦政府所属 10 余家国立博物馆正式取消门票，除临时性展览外，常年免费向公众开放。英国文化大臣 T. 乔韦尔（T.Jowell）曾经表示，国家博物馆和美术馆免费开放，是政府关于“建设一个更美好的英国”的承诺之一，其目的在于增强艺术在国家生活中的地位与作用[①]。统计表明，现在前往英国的各国游客中，70% 的人希望参观免费开放的国立博物馆与艺术馆，而本国居民，90 万从来不去博物馆的社区居民第一次走进了博物馆[②]。在德国，目前几乎没有免费的博物馆。但是，“一般来说，参观一次博物馆的价格比看场电影要便宜”。在奥地利，国家统计局统计，每年有近 2600 万人走进博物馆，全国约有 2/5 的博物馆是免票的。

与欧洲国家相比，美国和加拿大在博物馆免费开放方面显得滞后。在美国，博物馆界有所谓的“收费派”与“免费派”之争。“收费派”认为，既然人们愿意花钱听音乐和看体育比赛，为什么同属文化事业的博物馆不能收费。“免费派”认为，博物馆的功能近似公共图书馆，传播知识和提高公民文化素养是其首要职能，也是其道义上的责任。这种争论所反映的实际上是博物馆文化理念上的分歧。但是总体来看，在美国和加拿大越来越多的博物馆正在朝着免费开放的方向发展。美国免费开放的博物馆约占其总数的 1/3。华盛顿美国史密森学会所属的 16 座国立博物馆自成立伊始即对社会免费开放[③]。

在加拿大，联邦和各省议会大厦等历史建筑，以及一些主题博

① 《英国：文化体验“不买票”》，载《南通文化》，2006（6）。
② 杨雪梅：《拥有年轻拥有未来》，载《人民日报》，2010-01-29（17）。
③ 《关于美国、加拿大、墨西哥博物馆等公共文化设施情况的考察报告》，载《决策参考》，2008（6）。

物馆都长年免费开放。国外许多博物馆仅收取观众“可以承受”的门票。一些博物馆在实施减免博物馆门票政策的同时，往往采取某种获取资金的选择，例如设置带有或不带价格暗示的捐款箱；销售季票或采取在某一天内免费的政策；对参观永久陈列不收费用的同时，对于临时或特殊展览收取价格稍高的费用；在周末时门票定价高些，而在暑假期间门票定价低些；对外地观众收取比当地人更高的费用；博物馆达到其能够容纳观众的极限时，规定高、低不同的门票价格，较高价格的门票面临排队短些等。

在我国，2002 年，广东省湛江博物馆、番禺博物馆率先宣布常年免费对社会开放，受到好评。2003 年的“国际博物馆日”，杭州西湖周边的中国茶叶博物馆、南宋官窑博物馆、杭州历史博物馆、苏东坡纪念馆等，全部 15 座市属博物馆在全国率先宣布取消门票，免费向社会公众开放。意想不到的是，仅半年时间参观者就达到 120 余万人次，而以往半年的参观人数仅为 20 余万人次。2004 年 1 月，浙江省博物馆、中国丝绸博物馆也向社会宣布，除了星期一上午闭馆外，在其余工作日，包括节假日均对外免费开放，所有参观者都可以免票入馆。

浙江省博物馆是我国实施免费开放的第一座省级博物馆，而免费开放带来的门票收入损失，则通过浙江省财政予以补足。2004 年 1 月 1 日，在浙江省博物馆免费开放的仪式上，请来了三位社会人士剪彩，一位是 1929 年出生、与博物馆同龄的市民代表；一位是分管博物馆工作的省领导；还有一位就是博物馆馆长。这三位代表集中反映了政府与博物馆与市民的关系，即政府用纳税人的钱向博物馆购买公共文化产品，并无偿提供给社会公众，使社会公众的基本文化权益得到保障。

一石激起千层浪。当时在国内旅游景点纷纷涨价的情况下，西湖周边的博物馆却实施了全部免费开放，使杭州成为全国首个博物馆全部免费开放的城市，免费开放使杭州的文化氛围更加浓厚。过去，美丽的西湖曾留给人们许多遗憾。环湖沿线许多博物馆和文物景点单独收费，挡住了众多参观者的脚步。实施免费开放后，浙江全省博物馆观众人数明显上升，从 2003 年的 116 万人次、至 2004 年的 269 万人次、上升到 2005 年的 317 万人次。其中浙江省博物馆免费开放以前，年观众量 20 万人次，2004 年免费开放第一年，观众量即达到 105.6 万人次，随后 3 年均保持在 100 万人次以上[①]。

实践证明，博物馆免费开放最大的受益者是博物馆所在城市。由于博物馆免费开放使人们滞留城市的时间得以延长，带动了旅游等相关收入的增长，在总体上增加了城市收入。免费开放后，游客在杭州逗留的时间比原来平均增加了 0.8 天，由此产生的旅游消费，对杭州市财政的贡献达到每年 100 多亿元。尽管杭州市和浙江省博物馆免费开放的举措赢得了社会的普遍赞誉和强烈反响，但是这一举措却在博物馆界引发了激烈的争论。2006 年参加在昆明举行的一个全国博物馆馆长论坛时，与会的大多数馆长明确表示不赞成现阶段实行免费开放。

当时馆长们的疑问主要包括：浙江省的博物馆免费开放得到了省财政充足的经费支持，然而全国其他地区的博物馆能否具备同样的优越条件？在公民素质还需要提升的时期，免费开放会不会对博物馆的文物展品造成伤害，服务和管理能否得到迅速提升？当时有专家公开声称博物馆将变成农贸市场。但是，浙江省博物馆陈浩馆长表示：“我们的想法倒是从来没有动摇过。在免费开放这件事上，

① 陈浩：《浙江省博物馆免费开放启示录》，载《中国文物报》，2008-03-28（6）。

我们知道什么是大方向，什么是必须坚持的，什么又是短暂的、局部的，可以通过努力改变的。服务设施不够可以增加，管理不到位可以逐渐改进，公众的素质可以逐步提高，就是不能走回头路，重新设立门槛儿。”①

浙江浙江省博物馆武林馆区开馆典礼

2007 年 11 月开始，湖北省博物馆正式向社会免费开放，立即引起强烈反响，也带动了全国各地民众、媒体以及博物馆界对本地区博物馆是否免费开放的关注与思考。博物馆免费开放伊始观众如潮，大大超出了博物馆的正常接待能力。湖北省博物馆免费开放最初 30 天，接待观众 20.8 万人次，与 2006 年的全年观众 20 万人次基本持平，创造了湖北省博物馆日参观人数的历史最高纪录，被一些媒体称之为“井喷”“爆棚”现象。事实上，湖北省博物馆原设计的正常接待能力仅为日均 3000 人次。针对免费开放后的变化，湖北

① 杨雪梅:《打造国民教育的第二课堂》，载《人民日报》，2011-02-18（19）。

省博物馆对原有接待能力和可以挖掘的潜力进行了慎重的评估，得出每日 5000 人次为可承受接待能力的结果，因此决定，将每天的观众量控制在 5000 人次以内，以保证正常的参观环境，特别是观众和文物的安全。

湖北省博物馆内

博物馆实行免费开放之初，所产生的问题主要表现在三个方面，一是开放期间，特别是“黄金周”和春秋旅游旺季的双休日，大量观众聚集在展厅里参观，影响参观质量；二是少数观众的不文明举止影响其他的参观者，损害博物馆的形象；三是随着参观人数的增加而上升，在达到极限时，文物和观众的安全隐患指数会急剧提高。为此，这些博物馆的职工在免费开放初期，基本处于全员上岗，满负荷运转，加班加点，节假日不休息的工作状态。

湖北省博物馆及文物行政部门清醒地认识到，免费开放制度在拔除了阻隔在公众和博物馆之间的经济藩篱的同时，也废除了博物馆对观众的流量控制机制和观众筛选机制。面对观众潮造成的冲击，如何把握大局，沉着应对，及时调适，完善机制，努力提高博物馆的适应能力、管理能力，建立起新的参观秩序、运行规则，保证观众的参观质量，这些考验着博物馆管理者的智慧。为适当控制参观人流，湖北省博物馆采取了分时段发放免费参观券的办法。每天上午 9 点准时开馆发票，上午共发放 3500 张，下午再发放 1500 张，全天基本控制在 5000 张。对参观团队实行提前预约，适当错开高峰时间，这样既保证了团队的参观质量，又保证了正常的参观秩序。

同时，一方面，在馆内及时更换调整不清晰、不明确的指示、引导标志牌，增加英文标注，改造洗手间，增设观众休息座椅、垃圾箱和存包柜等。由于采取了一系列措施，在观众量急剧增加，并在短时间内持续高位运行的情况下，相关管理和服务及时得到加强，并随时纠正个别观众的不文明行为，维护了观众、文物和公共设施的安全，保证了博物馆的正常运行。另一方面，及时研究制定多种类型、针对各种不同情况的应急预案，以便快速解决和处理各类突发问题。随着时间推移，观众参观趋向规范有序，参观心理和行为也趋于理性，每天观众人数开始稳定在 5000 人以下，但是仍为免费开放前观众流量的 2 倍。

为了更好地保障广大民众的基本文化权益，2008 年 4 月，《关于全国博物馆、纪念馆免费开放的通知》（以下简称《通知》）正式发布，确立了我国博物馆以免费开放为基本原则的制度，全国博物馆向社会免费开放工作正式启动。博物馆更加融入广大民众的社会生活，成为现代文化生活的重要组成部分，为博物馆纳入国民教育体系奠定了坚实的基础，增强了为民生服务的能力。根据《通知》要求，全国各级文化文物部门归口管理的公共博物馆、纪念馆以及全国爱国主义教育示范基地全部实行免费开放。

《通知》明确国家财政设立专项资金，重点补助地方博物馆、纪念馆免费开放所需资金，鼓励改善陈列布展和举办临时展览。其中列入免费开放名单的地方所属博物馆、纪念馆门票收入减少部分全部由国家财政负担，予以全额补贴，对于免费开放后新增的工作量及费用，即运转经费增量由国家财政分别按照东部地区 20%、中部地区 60% 和西部地区 80% 的比例进行补助。与此同时，国家财政还加大对博物馆、纪念馆陈列展览的投入，以提高博物馆整体陈列展览水平。事实上，国家财政设立的博物馆免费开放专项资金，随着免费开放工作的深入，及时予以调整，由 2008 年安排第一批专项资金 12 亿元，到 2009 年增加为每年 20 亿元，2011 年又增加到 30 亿元，地方财政也安排了相应资金，保障当地博物馆免费开放的经费需求。

鉴于我国地区经济社会发展的状况，实施博物馆免费开放，一方面采取“分类实施”的原则，即博物馆免费开放的内容主要为其基本陈列、使用公共财政资金举办的公益性专题展览。而独立于上述陈列展览之外的配套服务项目，例如相关纪念品等文化产品、展演活动、非定时讲解，以及博物馆按市场化运作，由国内外引进的特别展览、临时展览，可适当收取费用，以弥补博物馆经费之不足。另一方面采取“重点扶持”的原则，即对于位于东部地区、中部地区和西部地区的博物馆，根据当地经济社会发展状况，特别是对于位于贫困地区的博物馆，以及对于未成年人、老年人、现役军人、残疾人、社会低收入人群等社会特殊群体，采取重点扶持的政策。

同时，考虑各类博物馆的特殊性和专业性，结合国内外博物馆免费开放的实践，按照“区别对待”的原则，有针对性地分类采取不同的对策措施，完善免费开放制度。例如对于利用文物建筑开办的博物馆，对于位于古代文化遗址内的博物馆等采取区别对待的政策。故宫博物院、敦煌研究院、秦始皇兵马俑博物馆等文物建筑和考古遗址，对参观者的承载能力十分有限，免费开放所造成的观众数量猛增，必然对这些珍贵文物的安全造成不利影响，因此必须加以控制，不实施免费开放。

国家关于博物馆免费开放的政策辐射作用十分明显，出现了全国联动的局面，社会反响良好，达到了政策实施所预期的社会效益。从地区情况来看，东部地区、中部地区和西部地区，参观者人次分别是免费开放前2007年的1.44倍、1.71倍、1.79倍。这组数据表明，在经济文化并不发达的中西部，尤其是西部省区，门票是困扰广大民众走进博物馆的一个主要障碍，免费开放政策的实施降低了这一有形门槛。从行政隶属级别来看，2008年，66座省级博物馆接待观众总数为3710万人次；241座地市级博物馆接待观众总数为5611万人次；697座县级博物馆接待观众总数为6110万人次；同比分别增长1.91倍、1.58倍、1.47倍。这组数据表明，省级博物馆地理位置好、馆藏资源丰富、服务设施配套、陈列展览水平较高等，在免费开放后发挥了重要作用。

博物馆免费开放发挥了博物馆服务社会的公共文化职能，吸引更多的人开始走进博物馆，改变了博物馆冷冷清清的局面。免费开放后博物馆观众结构呈现多元化趋势，其中未成年人、低收入群体、农民工、村镇居民、老人和儿童的参观人数较免费开放前有了大幅度提高，越来越多从来没有走进过博物馆的普通民众头一次欣喜地踏进博物馆大门，了解自己脚下这块生存之地，享受到获得文化权益的快乐，兴奋之情不言而喻。

针对博物馆免费开放的新形势，全国各地的博物馆积极探索有效方法，积累了很多宝贵的经验。例如天津博物馆总结的科学测算接待能力，预约参观、分时段领取参观票、人流量大时适当限流等引导观众有序参观的措施，被许多博物馆借鉴和深化；陕西省历史博物馆重新调整基本陈列，扩大展出面积，充实展示内容；上海博物馆制定了志愿讲解员制度，培育了一支较为稳定的志愿讲解员队伍，有效规范和提升了该馆免费开放后的讲解服务水平。同时，加强内部机构调整，对安保、保洁等后勤服务通过劳务协议由社会专业机构提供。这些有效做法和积极探索，为进一步做好博物馆免费开放积累了宝贵的经验。

为了控制参观人数，“免费不免票”成为有效的管理手段，即参观者通过预约、登记领票等方式可以得到免费参观票，这样既可以避免使博物馆成为非参观人员避暑、取暖的场所，通过登记详细信息的方式领票，又可以有意识地控制领票程序、时间，掌握参观者的情况，有效缓解集中参观的人流问题，使文物的受损系数降低。全国各地实施免费开放的博物馆，都应认真排查隐患，完善安全设施，调整参观路线，规范服务行为，以及为残疾人、老人等开辟绿色通道，增加应急照明设备，增加监控摄像，增加讲解咨询、安全、保洁工作人员，切实提供人性化服务。

免费开放拉近了公众和博物馆的距离。然而，“在这样的好事面前，也有一些不同的声音，主要来自两方面。一是来自一些老观众。他们常来博物馆参观、研究、欣赏，习惯于这里安静、清洁、宽松的氛围，对于免费开放后的观众人流，对于身上有烟味、衣着有尘土的农民工的到来，对于一手提着菜篮、一手牵着孙儿的老奶奶的到来，感到不习惯了：博物馆是高雅神圣的殿堂，一下变成了闹哄哄的‘大市场’,‘馆将不馆’了，如何了得！一是来自一些博物馆管理人员。免费之前，观众稀少，按既定的规则管理，按部就班，得心应手。免费之后，观众流量一再突破，既定的规则不管用了，指挥不灵了，秩序混乱了，环境不洁了。‘都是免费惹的麻烦！’上述现象，的确存在。问题在于如何对待”[①]。免费开放显著提高了博物馆的社会关注度，一时间在文化遗产保护的各项工作中，博物馆免费开放的公众关注度排名第一。2008年，全国人大、政协两会期间，关于博物馆免票制度问题，再一次引起与会代表和委员的关注，一些委员希望以低票价政策取代免票政策，他们甚至担心，免票政策可能会让博物馆成为人们“冬天去取暖夏天去乘凉的地方”，担心国家投入到博物馆中的资源，越来越多地被前来消夏纳凉、会亲聚友、小憩消闲的人群所利用。这种担心，代表着一部分人的意见，而且不在少数。

博物馆免费开放这一公共政策的实施，无疑使弱势群体成为真正的受益者，特别是低收入群体、农民工、未成年人、老年人等观众群体明显增加，取得了良好的社会效益。例如浙江省博物馆免费开放以来，观众结构发生明显变化：一是外地观众从原来的1/5变为“半壁江山”；二是社会低收入群体大量走进博物馆；三是未成年人群体不断增加[②]。不可否认，这些普通民众往往对博物馆文化缺乏了解，尤其是许多观众第一次走进博物馆，缺乏对陈列展览和文物展品的基本认识，不可避免地出现“逛展厅”“看热闹”的情况，难以取得良好的参观效果。在大规模的参观人流中，也会有一些不够文明、不讲卫生、不守秩序的现象存在。

① 自庶:《让更多观众走进博物馆》，载《人民日报海外版》，2009-01-16（15）。
② 余靖静:《浙江：博物馆免费开放打开服务社会之门》，载《中国文化报》，2011-05-20（1）。

但是，不应以此作为否定博物馆免费开放的理由。肖复兴先生认为“其担心是可以理解的，但这种担心是多余的，而且所表达的信息是属于精英对于普通大众的误解与隔膜。所谓低票价便无意之中而形成了一种居高临下的施舍，把文化平等与民主的问题降低于经济的平衡”。“即使退一步讲，大众的素质真的沦落为因博物馆免票成为他们‘冬天去取暖夏天去乘凉的地方’，这就更说明博物馆免票的必要性，因为我们确实需要从各个方面加强公民教育，而博物馆正是大众所需要并乐于接受的一种大众化的教育方式”[①]。我国实施博物馆免费开放以来，全国免费开放博物馆的总数已达1893座，前3年共接待观众13.4亿人次，不少博物馆的观众增量达到免费开放前的数倍。目前，大多数免费开放的博物馆已经度过了免费开放之初的“爆棚”“井喷”期，观众人数逐渐趋于常量，其中大型博物馆基本保持在日均3000人次左右。博物馆免费开放在总体上呈现出安全、有序、平稳的态势，社会反响良好。实践证明，免费开放加快了博物馆融入公众生活的步伐，调动了社会公众参观博物馆的积极性，改变了许多博物馆冷冷清清的局面，充分地发挥了博物馆服务社会的公共文化职能。

统计资料表明，2009年全国举办陈列展览14057个，比2008年增加5577个，增幅达65.77%。安徽省列入免费开放的博物馆观众参观量由2007年的164.6万人次，增加到2008年的652万人次，2009年则达到1098.5万人次；湖南省73%的博物馆不同程度对陈列展览进行了提升改造；浙江省的博物馆陈列展览数量由2008年的400个，增加到2009年的780个，增幅达95%；湖北省2009年在重新提升53个基本陈列的同时，还推出了171个临时展览[②]。广

① 肖复兴：《博物馆免票比低价票好》，载《新京报》，2008-03-11（C02）。
② 周玮：《博物馆等免费开放 让人民群众共享文化发展成果》，载《中国文物报》，2011-02-23（1）。

东孙中山故居纪念馆将讲解工作作为免费开放服务观众的重要内容，2008年至2009年共免费讲解7273场次，同时提供丰富多彩的社会教育服务，两年来共开展中小学教学活动428次，家庭教育活动253次，社区教育活动807次。

广东中山市孙中山故居

随着整体经济实力的大幅度提升，国家财力有能力承受博物馆免费开放后的各种费用，基本解决了博物馆免费开放的后顾之忧，使博物馆发展呈现出了前所未有的良好形势，也使广大民众享受了自己应该享受的文化权益。国家财政对于免费开放博物馆的资金补助，在区域差别的基础上，还根据博物馆规模的差别加以区别对待。对于国家级、省级以上博物馆，加大国家和地方财政经费的支持力度，制定有关优惠措施引导和鼓励这些博物馆通过多种渠道筹措资金，增强博物馆自身的造血能力；对于中小型博物馆，适当增加国家和地方补助资金，对免费开放贡献进行绩效评估，予以奖励。

首都博物馆于2008年3月下旬实施免费开放后，至2011年6月，共接待观众392万余人，其中最高日接待量14671人，平均日接待量已达3800余人。首都博物馆免费开放后的观众情况呈现几大变化：一是学历层次，2008年大学本科以上文化程度的观众占60%，2006年的调查为70%，这说明免费开放后，“博物馆更加大众化”；二是来馆观众的月收入情况，2006年2000元以下的低收入观众占20%，2008年1500元以下的低收入观众占了28%，免费开放使更多低收入群体走进了博物馆；三是外地观众比重由2006年的22.4%增加到2008年的34%。据介绍，外国观众、团体观众、老年观众和学生观众等参观人数，也都呈逐年增加趋势[①]。

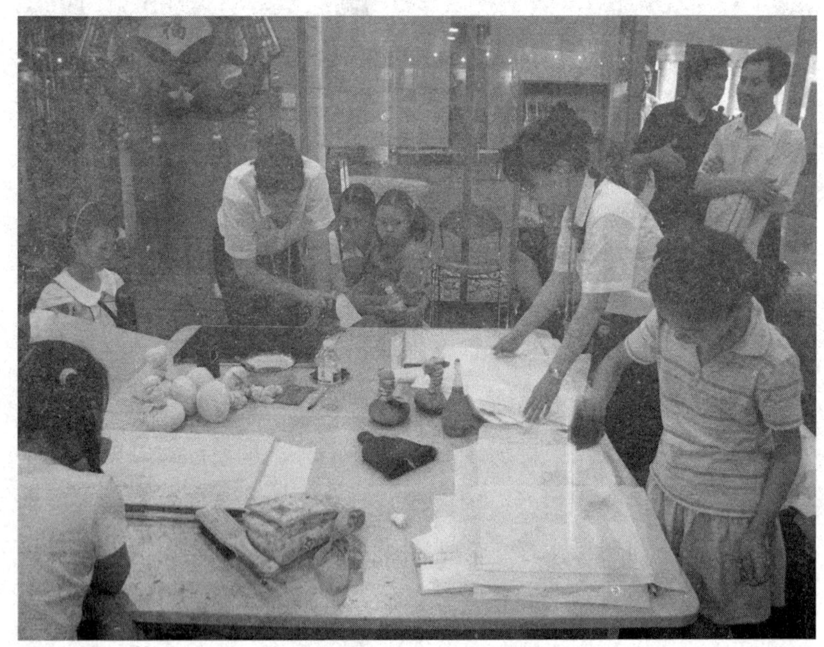

首都博物馆

① 余荣华：《文化殿堂大门敞开》，载《人民日报》，2011-09-16（4）。

在各级财政的支持下，各地博物馆改善基础设施，改造基本陈列，增加临时展览，拓展服务项目，提升服务管理能力。国家文物局对 144 座博物馆免费开放情况进行了调整，统计显示，免费开放以来这些博物馆新增观众存包位 4479 个；新增观众休息椅 8365 个；新增纪念品销售处 183 个；新增餐饮服务处 79 个；新增厕所 376 个。多数博物馆增设了残疾人通道和轮椅等设施。在免费开放政策带动下，有 18 个省级以上博物馆、132 个地市级博物馆和 69 个县级博物馆启动了新建或改扩建馆舍项目。

博物馆是公共文化服务体系建设的重要内容，是保障社会公众基本文化权益的重要设施。博物馆免费开放，有利于促进政府职能的回归，体现了加强公益性文化建设，增强文化发展活力的成果；有利于保障社会公众基本文化权益，满足广大民众日益增长的精神文化需求，促进全民文化素质的提高；有利于增强全社会文化遗产保护意识，营造社会文化氛围，树立城市文明形象；有利于促进博物馆转变观念，适应形势深化改革，提高公共文化服务能力。博物馆免费开放已经获得了良好成效，但是社会调查结果表明，目前公众对于现存博物馆的数量和类别满意度均不高，尤其是居住在城市中的公众。

“免费开放的博物馆确实引来了如潮般的观众，然而事实告诉我们，这种如潮的现象，只是一种暂时的现象。现在我们可以初步判断，前期进入博物馆的人潮，大多是在一种好奇、新鲜或更低一级‘占便宜’的心态下涌入博物馆的，博物馆收获了知名度，收获了社会的口碑，冷静地想，可不能妄自尊大。也就是说保证观众参观质量是博物馆免费开放后应该考虑的重点工作之一。提高观众的参观质量对博物馆人的工作提出了更高、更全面的要求”①。 免费

① 徐忠文：《走出博物馆免费开放后的迷茫》，载《中国文物报》，2009-02-20（6）。

开放后尽管没有了博物馆的收费“门槛”，但是，如果博物馆的陈列展览和社会服务不能跨越“门槛”，得到提升，人们仍然会对博物馆敬而远之。

针对博物馆免费开放所进行的专业调查表明，居住在城市的公众当中 46.9% 的民众曾经参观过免费开放的博物馆，而居住在城镇的公众当中这一比例为 31.3%，远远低于居住在城市的公众。调查发现，在不同受教育程度的社会公众当中，学历越高的公众参观过免费开放的博物馆比例越高。调查发现，在不同收入水平的公众当中，家庭月收入在 5000~8000 元之间的公众参观过免费开放的博物馆比例最高，而家庭月收入在 3000~5000 元之间和 8000 元以上的公众中，也都有半数以上的公众参观过免费开放的博物馆，而家庭月收入在 8000 元以上的公众认为免费开放的博物馆展览内容具有吸引力，家庭月收入在 1000 元以下的公众则认为展览内容缺乏吸引力。

调查发现，一方面 6 成以上的公众参观免费开放的博物馆原因是增长知识、子女教育、文化旅游等，其中近 5 成公众是为了增长知识而去博物馆参观；另一方面近半数的公众是为了陪同亲友、团体组织、消磨时间、看到媒体宣传后的好奇心驱使，以及博物馆引进国外展览等原因而去博物馆参观，其中 25.1% 的公众是为了陪同亲友而去博物馆参观。调查发现，公众认为“博物馆免费开放”最急需改进的五个方面依次是：“延长开放时间”“增大宣传力度，让更多的人知道免费开放”“更新、增加展览内容”“增加博物馆的种类”“降低纪念品价格”。

如今，我国的博物馆已经进入免费开放时代。博物馆界也面临着一个世纪性的“大考”，如何完成博物馆发展史上的一次质的飞跃，找准博物馆新的定位，是每一座博物馆必须回答和践行的课题。

博物馆免费开放是我国社会经济飞速发展后，在文化上实行惠民政策的重要体现，越来越多的社会公众走进博物馆、感受博物馆，并开始热爱博物馆。一方面，免费开放使社会公众的文化权益与博物馆的社会责任得到了空前有效的体现，博物馆的教育功能显著增强，社会影响日益扩大；另一方面，全国博物馆经历了对免费开放政策的学习、领会、实践、磨合、创新等过程，无论是在理念上还是在行动上都是一次升华，一次历练。

但是，博物馆免费开放的持续实施，必然面临一系列必须克服的难题，其中如何平衡加强管理与改善服务二者之间的关系，考验着博物馆决策者的智慧和魄力。博物馆免费开放不仅是事业发展的一次机遇，更是对博物馆能力和业务水平的一次挑战，为博物馆自身建设和博物馆事业整体发展，创造一个全新的平台。需要全国博物馆工作者的艰辛努力和创新实践，才能实现博物馆向全社会免费开放制度的可持续发展，才能将这项利国利民的好事做好、实事做实。因此，必须从长远的、发展的、大局的眼光来看待这一政策。进入“后免费开放时代”，博物馆未来的发展任重而道远，还有许多课题值得深入思考与研究。

伴随免费开放的实施，一些博物馆出现了不尽如人意的环境质量下降问题，例如设施设备损坏、环境卫生下降、参观效果降低等，但是作为博物馆管理者，不应一味将问题产生的原因归结于观众的素质与素养，而应当认真反思博物馆管理中的漏洞与缺失。美国艺术史学家 C. 布鲁斯（C.Blues）提出，要防止博物馆“由美的圣殿蜕变为文化的集市”①。当前，积极探索免费开放后提升博物馆服务质量的方法与途径，不断推动博物馆体制机制创新，建立评价考核

① 李舫：《中国博物馆从“藏宝库”到“魔法棒”》，载《人民日报》，2010-01-29（17）。

监督体系，完善激励约束机制，并定期公布免费开放博物馆运行管理状况，保障公众知情权，成为提升博物馆社会服务的关键。

今天，要以研究解决免费开放的博物馆存在问题为突破口，立足于博物馆事业社会化趋势，最大限度地发挥博物馆的社会效益，为社会公众提供更多更好的公共文化产品和服务。免费开放的目的就是要让更多的人走进博物馆。人们走进博物馆的目的，是为了看懂博物馆，根据每个人社会背景、知识结构等不同的情况，从博物馆文化中吸收、感悟人类文明留下的智慧。免费开放后的博物馆必须考虑，如何将更多的参观者吸引进博物馆参观，如何使进入博物馆的参观者获得更好的文化满足，如何为社会特殊群体提供享受博物馆文化的机会。

“总起来说，对于国外尤其是西方的博物馆参观者来说，门票不是决定一个人是否参观博物馆的障碍问题，主要有三个原因：一是其博物馆的陈列展览和服务水平普遍较高；二是门票的绝对价格相对于参观者的收入水平所占比例较低；三是参观者在时间、地点、服务形式与价格等方面有较多的选择范围”。

但是，在我国则似乎呈现出两种比较对立的观点。主张博物馆应该免费开放的人认为，博物馆是公益性的文化事业单位，博物馆的设施主要由政府投资兴建，博物馆的运营主要由政府财政支持，博物馆的文物藏品具有社会公共财富的属性，因此博物馆向全社会免费开放理所当然，特别是由于博物馆具有社会教育的职能，而接受教育是每一个人的基本权利，因此博物馆应该向社会公众免费开放。

主张博物馆收取门票的人认为，博物馆的陈列展览是一种文化产品和服务，因此参观博物馆理所当然应该付费。更多的人认为门票是博物馆的辅助性收入和控制进入博物馆参观人数的管理手段。

实际上，由于社会弱势群体的存在，要求博物馆作为公益性事业单位，必须为消除更深层次的社会不平等，为保障全体民众的文化权益做出力所能及的贡献。因此，在国家财政的支持下，具备条件的博物馆应该实行免费开放，不具备或不适宜免费开放的博物馆，也应当在实施低价门票的基础上，制定针对弱势群体和特殊群体的免费措施[①]。

长期以来，博物馆通过收费准入来对观众进行筛选，以保证博物馆文化资源能够真正为有博物馆文化需求的群体所利用。而在免费开放之后，收费准入的筛选机制被废除，博物馆的服务对象从热心观众，扩大到社会公众。同时，免费开放后观众构成发生了显著变化，低收入人群和劳动者阶层明显增加。“这提醒我们，当这些民众的兴趣满足以后，他们还会再走进博物馆吗？当笼罩着博物馆的神秘之光消散之后，人们还会对博物馆感兴趣吗？一些人担心，为吸引更多的观众，一些博物馆将增加陈列和社会活动的通俗性和娱乐性，淡化研究和教育的色彩，另一些人则担心观众需求变化会造成博物馆陈列与研究的分离，陈列和教育活动将失去科研的支持，逐渐流于表面化和形式化”[②]。随着免费开放的博物馆数量的增加，普通公众接触博物馆、近距离接触文物展品的机会也越来越多。然而社会公众因为免费开放而走进博物馆，更多的是作为一种文化体验，实际上博物馆展览内容才是吸引观众的关键因素，不断增加和更新陈列展览内容才是社会公众对免费开放博物馆的期待。“在某种意义上说，对免费开放的博物馆的挑战，不是观众爆棚的压力，而是免费也无人问津的尴尬”，这一危险确实存在。不能仅仅满足于敞

① 曹兵武：《博物馆门票问题之我见》，见《博物馆观察——博物馆展示宣传与社会服务工作调查研究》，91页，北京，学苑出版社。

② 宋向光：《愉民育民 不辱使命》，载《中国文物报》，2008-04-25（6）。

开博物馆大门迎接观众，关键是要保证质量提升、效果明显，以及持续发展。因此，如何能够持续地吸引观众走进博物馆，陈列展示无疑具有格外重要的意义。

博物馆是社会公众学习知识、陶冶情操、了解历史的重要场所，同时也是人们组织文化活动、教育子女的重要场所。因此，不能将免费开放简单地理解为“开门迎客、政府补贴”，也不能因为免费开放而偏离博物馆的专业水准，降低服务质量，而必须紧紧抓住增强活力、改善服务两个关键环节，不断改善社会教育质量，提升专业服务水平，通过富有实效的教育工作，使博物馆免费开放后“看热闹”的观众转变为“品文化”的观众，保持社会公众对博物馆的持续热情①，将博物馆建设成为广大民众“感受愉悦、休养身心、陶冶情操”的精神文化家园。

免费开放制度对于我国博物馆的管理能力提出了更高的要求。如果博物馆的管理能力得不到提高，不仅人们对博物馆免费开放所寄予的厚望会幻灭成空，免费开放制度本身的合理性及可持续性也会受到质疑和非议。做好博物馆免费开放工作，首先必须做好各项保障措施。随着博物馆实行免费开放和观众数量增加，必然对博物馆的整体工作提出更高的要求，在确保观众及藏品安全的前提下，亟待解决基础设施的完善、经费的保证、陈列展示水平的提高和综合服务质量的增强等问题。免费开放使博物馆能够更好地融入社会生活，使博物馆人能够更好地实现自身价值，提高自身的服务水平和能力，也使博物馆受到前所未有的重视和注目。

免费开放的实践促使博物馆的自身职能得到更加充分的发挥，积极采取措施、周密安排，切实把免费开放工作做实、做细、做好，

① 沈岩:《从免费开放反思当前博物馆教育的改革》，载《中国文物报》，2010-02-24（7）。

例如按照不同季节、月份、周末、节假日，动态地为团队观众和个体观众、普通观众和特殊群体等安排参观服务内容，使大众能够更深切地感受到博物馆的教育、休闲、启迪、鉴赏等诸多作用。从这种意义上说，博物馆免费开放最大的受益者也是博物馆自身。免费开放使博物馆回归了自身的基本职能，对博物馆的管理和服务提出了新的要求，通过强化内部管理，完善规章制度，寓管理于服务，做到降低门槛不降低服务标准和服务质量。

为全面推动博物馆免费开放，财政部门实施了相应的专项经费补助政策。这一政策为博物馆免费开放提供了强有力的经费保障。但是从博物馆发展长远看，还存在着诸多不完善之处。一是由财政部门包揽博物馆免费开放后的门票补偿和运行经费增量，“旱涝保收”的结果，有可能削弱博物馆面向社会、自我提升的主观能动性；二是免费开放后博物馆经费来源，由原来的多渠道改为单一的政府拨款，许多博物馆出现了专题项目和业务经费有保障，而安全消防、设施设备更新和维护经费不足的现象；三是财政拨款中可供博物馆完全自主支配的部分较少，市场营销和文化产品发展受到限制；四是缺乏与资金使用审核管理相配套的评价体系和可供操作的行业标准，使展览、科研、服务等项目的绩效无据可评。长此以往，有可能造成新一轮“大锅饭”，消减博物馆免费开放政策的效力。

人们担心，博物馆“衣食无忧”，是否会失去竞争力和创造活力，是否会重新回到“等靠要”的时代。如果处理不好，替代博物馆门票收入的政府财政投入，也会在相当程度上消解博物馆的激励机制。同时，无法通过观众参观人数这一传统指标来对博物馆的工作进行评价考核。因此，免费开放之后，博物馆面临重蹈当年“大锅饭”覆辙的危险。如何在没有传统的流量控制机制的情况下，确保博物馆观众流量在安全负荷之内；如何在没有传统的观众筛选机制的情况下，确保博物馆能与其目标群体对接；如何在没有传统的门票激励机制的情况下，确保博物馆争取观众的积极性，如果这些问题不解决，免费开放政策将难以实现其预定目标。

实行免费开放之后，尽管通过国家财政投入弥补了博物馆的门票损失，但是却容易使博物馆失去积极吸引观众的动力。显然博物馆仅仅通过免费开放吸引观众远远不够，应变被动为主动，不断推出新的形式、新的内容，建立与改革相适应的激励约束机制，促进提高公共服务水平。同时，制定博物馆工作条例，完善以博物馆运行状况评估为重点，以宣传展示、开放服务为核心的博物馆质量评价体系。对免费开放博物馆的管理运作效能、业务完成指标、资金效益指标、社会效益指标、公众满意度等进行评估，评估结果作为对博物馆实行动态管理的依据。

在免费开放的形势下，博物馆事业发展不仅需要政府创造良好的外部环境，更需要博物馆自身练好内功，重视解决存在的突出问题，激发内在活力，提高服务水平，加强能力建设，推进体制机制创新。博物馆免费开放是我国文化政策的重大调整，但是与之相适应的配套政策和措施尚未健全。当博物馆进一步向社会敞开大门的时候，一些涉及博物馆体制、机制方面的深层次问题也随之浮现出来。免费开放要求博物馆提供高水平的展示，高质量的服务和高标准的管理，这就促使博物馆必须加深体制改革，不断创新机制。

免费开放后，观众人数成倍增长，博物馆原有编制与实际人员需求之间的矛盾日益突出，编制严重不足已成为所有大中型博物馆的突出问题，例如河南博物院编制 192 人，聘用非在编人员 295 人；湖南省博物馆编制 156 人，聘用非在编人员 106 人；首都博物馆编制285人，聘用非在编人员301人。目前大多数博物馆的展厅安全和保洁工作采取外包方式，这是现阶段缓解博物馆编制严重不足的有效方式。但是，也意味着与观众接触最多的人员不是博物馆员工，也不是博物馆志愿者，他们可能对博物馆文化缺乏了解，对博物馆管理理念缺乏认同，同时，对博物馆业务缺乏培训，这些问题的存在，必然影响博物馆的社会服务质量，甚至在与观众沟通时难免发生文化冲突。

为此，应将免费开放作为博物馆深化改革的良好契机，推动博物馆的自身改革，特别是体制机制改革的进程。要以深化人事制度改革为突破点，优化博物馆组织结构，整合内部资源，转变运营方式，增强创新能力、运转活力和服务能力，实现科学管理。应以博物馆免费开放政策为动力，优化博物馆的生存环境。鉴于我国博物馆类型的复杂和差异，应有针对性地分类采取不同的对策措施，完善免费开放制度，创新体制机制，增强发展活力。同时，结合博物馆实际，优化组织结构，改进内部管理，创新服务方式，提高运营效率。要积极探索完善法人治理结构，逐步实行理事会决策、馆长负责的管理运行机制，形成政府、社会、公众代表相结合的监督管理体系。

当前，资金投入不足仍然是博物馆免费开放后，实现可持续发展的瓶颈。如果没有充足的资金支持，在免费开放的情况下，博物馆就无法专心发挥藏品保护、学术研究、陈列展览的功能和文化传播、服务社会的职能，也就无法实现提高公众文化素质的目标。因此，应进一步明确博物馆的公益性质，加大公共财政扶持力度，逐步建立博物馆经费保障机制。博物馆的免费开放补助必须得到长期、可靠的保证。各级政府要研究制定本地区国家财政补助专项资金和地方财政资金具体分配方案。在现有投入的基础上，继续加大对实行免费开放博物馆的预算支持，给予足额保障。根据免费开放后的运行成本、文物保护、安全设施、事业发展等项目需求，进行科学测算，明确补贴标准，制定补贴办法，纳入财政预算，实施统一管理，减少拨付环节，确保及时到位，以保障博物馆为公众提供优质服务的长期性、可靠性。

同时，要拓宽经费来源渠道，建立多元化投入机制，落实相关财税政策，鼓励社会力量对博物馆发展进行捐赠。例如由国家财政设立博物馆事业发展基金，用于支持、激励优秀陈列展览项目的策划、展出和推广，扶持博物馆教育活动，扩大博物馆文化影响，增强博物馆的吸引力，充分发挥博物馆的社会服务职能。事实上，伴随博物馆免费开放的有效实施，不仅能够保障社会公众的文化权益，而且必然带动经济的增长。因此，应全面正确地评估博物馆免费开放的社会贡献和综合效益。

2008 年以来，我国博物馆实施免费开放的力度、作用及效果，在世界范围内史无前例。这一事件无疑将写进中国文化史，意义不可估量。全国各地博物馆陆续免费开放以后，虽然出现过一些复杂情况和局部问题，例如观众的目标性不够明确，参观人员杂乱拥挤，参观效果受到影响等，但是这些问题的出现，往往正说明博物馆实施免费开放的必要性，只有让更多的社会公众走进博物馆，才能迅速有效地提升人们的博物馆意识，提高博物馆参观质量，提高博物馆作为国家文化资源的利用效率。至于免费开放中存在的问题，完全可以通过国家政策完善和博物馆自身努力得到有效解决。

从“服务民众”到“依靠民众”——博物馆社会服务理念的提升[①]

（2013年6月28日）

宋向光教授指出“传统的博物馆学在谈到社会民众时，通常是将他们作为博物馆的工作对象，作为博物馆工作成果的表达工具，而忽略了民众在博物馆发展中的重要作用。如果基于博物馆是特定社会现象和社会需求的反映这一认识，我们就可以注意到，民众是博物馆实现其社会目标的重要力量，是博物馆工作的积极参与者”[①]。博物馆不仅要全心全意“服务民众”，而且要真心实意“依靠民众”，因为社会公众才是博物馆的真正主人[②]。

1753年英国议会拨专款购入H.斯隆（H.Sloane）的收藏，并在此基础上成立不列颠博物馆。不列颠博物馆的法案导言中明确规定：博物馆“不仅是为学习者和猎奇者调研与娱乐的场所，也是为普通功用和大众福利”。这里所谓的“普通功用”，正是公共博物馆区别于传统藏宝室和私人收藏的关键。1793年7月，法国政府决定将卢浮宫作为国家艺术博物馆，并向公众开放，这被视为博物馆新时代的标志，是博物馆进入公众和社会生活的转折点[③]。

① 本文发表于《上海文博》2013年第2期。
② 宋向光：《从事博物馆学研究的点滴体会》，载《中国文物报》，2010-03-31（4）。
③ 郭长虹：《公共性的缺失：中国博物馆发展史的缺环》，载《博物馆观察——博物馆展示宣传与社会服务工作调查研究》，142页，北京，学苑出版社，2005年。

中国科技馆中观众参与活动体验

早在清朝末年，康有为、梁启超等有识之士就曾提出在中国设立博物馆的主张，将博物馆看作是“开民智、悦民心”的重要公共机构。这是当时我国有识之士在文化共享和文化平等意识上的觉醒，同时也说明博物馆已经成为公共自由和文化平等的象征。公共博物馆产生后，其区别于贵族收藏行为的最重要的标志，是博物馆以教育为目的，并调动一切手段进行藏品研究、安排陈列展览、组织开放接待、出版资料图册、强化全程服务，通过其特有的教育形式，将各项工作转化为教育成果。

自 20 世纪 70 年代开始，发达的工业化国家陆续进入“服务经济”时代，服务理念与相关行动，对促进经济社会发展发挥出全新而强劲的推动作用。这一时期，博物馆注重社会发展，与社会的关联度日益紧密，强化服务功能、构建服务体系、提升服务质量，逐渐成为博物馆所奉行的立馆之本，以及根植于社会并履行社会责任的重要手段。社会服务理念的确定与强化，使博物馆焕发出蓬勃的生机和无穷的魅力，社会各界与广大民众对博物馆表达出亲近与拥戴，改变了昔日众多博物馆“门庭冷落车马稀”的尴尬局面，参观博物馆和参加博物馆活动，逐渐成为人们日常生活的组成部分。

人们越来越认识到，衡量一座博物馆的水平高低，不仅取决于馆藏文物的丰富与否、研究成果的丰硕与否、陈列展览的精美与否，同时取决于博物馆的公众服务水平的高低，是否树立了观众至上的意识，因为这直接关系到一个博物馆的社会地位、社会声誉和社会影响力。博物馆体现的是建立在自由、平等、民主基础上的文化共享和文化参与，只有在真正平等、自由、民主的和谐社会里，博物馆才能成为一种社会公共文化空间。

今天，在城市中人们需要有能够寄托精神的地方。博物馆作为精神的家园，人们在这里就要有“家”的感受。要让每一位观众都能切实感受到，参观博物馆是一种美好的经历，也是一种愉快的享受。城市不仅需要现代化，而且也有社会责任让每个公民有归宿感，有主人翁精神①。博物馆必须更加自觉地将自身的发展与社会的发展紧密联系起来，努力避免因强调博物馆的特殊性，而游离于社会发展主题之外的倾向。博物馆是社会文化的重要组成部分，是公民终身教育的场所，它并不孤立于社会生活之外，而是与社会生活密不可分。博物馆与社会生活和社会公众建立什么样的关系，是判断博物馆工作成功与否的途径。

在知识爆炸时代，知识更新的速度非常快，特别是一些前沿科技，更是日新月异。面对学习型社会，博物馆要做好迎接学习高潮到来的准备。在我国，青少年学习知识、了解文化主要通过学校教

① 姜蕾：《创建数百万移民共同的精神家园》，载《中国文化报》，2010-06-30（7）。

育来完成，但是不可否认，学校教育所传授的知识和信息毕竟十分有限。以书本为依托的教学方式，不可避免地缺乏趣味性和形象性，使中小学生觉得枯燥无味。而博物馆的有效介入，则可以让书本上“死”的知识“活”起来，以更为活泼生动的形式呈现给青少年，使他们切实有效地对知识加以吸收和消化。对于各博物馆而言，应努力使博物馆及其陈列展览更加贴近青少年的生活，更加有利于激发他们的学习兴趣。

加拿大多伦多皇家安大略博物馆社会服务

实地参观是目前青少年有效介入博物馆的主要途径，从实地参观考察当中获得的精神体验和第一手直观信息，是对学校书本教育的有效补充，从而形成一个完整的知识体系。与此同时，在从参观博物馆这一环节中所激发出来的强烈求知欲和愉悦感受，更可以成为日后从事相关职业的精神力量。所以，作为教育主体的学校应当主动地为学生创造更多社会实践的机会，有效地增大课外教学的辅助作用，将学生有序地带出校门，逐渐培养起学生自主观察社会和文化现象的能力。通过学校和博物馆的合作，为青少年搭建一条通往自我完善的桥梁，使青少年的视野不再局限于课堂，而要使他们能够从更广阔的文化背景，看待社会发展现状和未来发展希望。

传统博物馆历来重“参观”轻“推广”，儿童到博物馆的任务就是认真地“看”。然而，儿童阶段是人生模仿性最强、可塑性最强的时期，如果能接受适当的教育，具备发展环境和丰富经验，潜在的天赋就能够得以发挥。心理学家皮亚杰强调，儿童如果接触实物、实际操作，借由观察、分类、预测、描述和推理一系列过程，学习情绪高、持续久、比较有成就感[①]。克利夫兰艺术博物馆常年推出“家庭快车”“学校之旅”等教育项目，该馆还特地从博物馆藏品中挑选出 1.8 万件一般复制品专供对外教育使用。

在英国和新西兰，未来的小学教师或者小学校长都要接受博物馆教学的专门指导。在美国，无论大小博物馆都设有教育部门，在他们的服务项目中，大量的内容是配合学校教育，包括为学生设立专门的教室、实验室；开办专供儿童参观的陈列室或者“儿童博物馆”；提供有偿借用的幻灯、图片、标本、模型等；一些大型博物馆还专门编印教材，例如纽约大都会艺术博物馆编印《希腊艺术》《韩国艺术》《东南亚艺术》等系列专题材料，向纽约市的每所公立学校赠送一套。据 2001 年统计，现有 88% 的美国博物馆提供“K-12”（从“幼儿到少年”）教育项目，全美博物馆每年为学生提供的服务时间高达 390 万小时。

“儿童博物馆”的概念诞生于美国。19 世纪末，以儿童为本位的教育思想兴起，儿童教育受到重视。1899 年 12 月，一些对现代

① 周婧景：《我国发展儿童博物馆的重要性》，载《中国文物报》，2011-02-23（6）。

公立学校的教育状况不满、怀着教育革新梦想的父母和教师，在美国纽约创办了世界第一所儿童博物馆，即布鲁克林儿童博物馆。“它是对传统博物馆的背离，对随后儿童博物馆的兴起影响很大”。美国博物馆协会定义，一个以服务儿童的需求以及兴趣为使命的机构，机构空间的陈列展览及活动都是以鼓励学习、激励好奇为出发点，那么它便是一个儿童博物馆。儿童博物馆协会解释，儿童博物馆是一个透过各有关陈列展览、文化节目及活动，去引发儿童好奇、探索和学习兴趣，满足儿童成长需要的中心。

20 世纪 60 年代是儿童博物馆的一个重大变革时期。这个时期，一个最有成就的进步，就是用“互动式”“参与式”概念，取代了此前所强调的“动手操作”。动手操作只是一个机械化过程，互动是一种脑力劳动，从手到脑，实现了思考。自此，以儿童为中心的互动式展示设计受到推崇。其中强调实验，成为儿童博物馆展览设计的转折点，开创了一个新的模式。1969 年，物理学家 F. 欧本海默 (F.Oppenheimer) 馆长引入了新型的科学博物馆——加州探索宫，这种模式关注科学原理，以互动性的科学教育展示为中心。受美国波士顿儿童博物馆和加州探索宫的影响，20 世纪 70—80 年代成为儿童博物馆快速发展的黄金年代，50 多所儿童博物馆陆续建起。

目前美国已经拥有 300 多座儿童博物馆，其中 44% 成立于 20 世纪 90 年代并呈现增长的趋势。美国还有大量儿童博物馆的相关书籍，健全的儿童博物馆网站。有人形容美国儿童是在“汽车和博物馆里长大的”。纵观儿童博物馆发展的百年历史，儿童教育已经成为儿童博物馆服务的基石，对于儿童的重视带来社会教育理念的进步，培养了一代少年儿童的主动探索精神，积极创新思想，在一定程度上推动新的教育观念在全社会的普及，而且很多博物馆的慷慨捐赠

美国丹佛自然与科学博物馆

者就是从小常去儿童博物馆，并对其教育充满感激的人[1]。

在我国，应试教育几乎充当了儿童教育的全部内容。考试升学仍然是一根无形的指挥棒，基础教育的质量仍然以升学率来体现，因此考试成绩的优劣成为衡量儿童学习好坏的标准。正所谓“素质教育的呼声‘轰轰烈烈’，应试教育的行为‘扎扎实实’”。2010 年，教育进展国际评估组织对全球 21 个国家的调查表明，中国儿童计算能力排名世界第一，创造力却排名倒数第五。第一和倒数第五反映出我国儿童教育的效果。对一个国家和社会而言，教育的最终目的是提高人的创造力，而不是考试分数的高低。在 21 世纪，只有具备创新意识的人才能引领社会经济发展的走向，无论是新行业的兴起，还是新产品的研发，都依赖人的创造能力。

目前儿童教育质量意识和质量标准的偏差，已经造成了严重的后果，包括教育产出和社会需求的不适应。传统博物馆常常忽视儿

① 周婧景：《我国发展儿童博物馆的重要性》，载《中国文物报》，2011-02-23（6）。

童观众，关注儿童的教育功能更是无从谈起。我国博物馆儿童教育功能的实现手段单一，主要依靠文物展品和讲解服务来代替，而且陈列展览内容、文物展品的高度和展示手段，主要依照成人标准，不适用于儿童。同时，博物馆的儿童教育多是“请进来”，很少“走出去”，在博物馆外的儿童教育活动开展得还很不够，而且开展这一活动的博物馆，也大都缺乏制度化、经常化，活动方式还比较简单，活动效果也有待于进一步提高。

近年来，“记忆”一词在博物馆界被越来越广泛地使用，博物馆是“民族记忆”，是“城市记忆”，是储存记忆的场所。作为人类文明记忆、传承和创新的重要基地，博物馆承担着记录过去、反映现代和发展未来的重要职责。“博物馆的记忆作用应该体现在三个方面：一是要保护和珍藏记忆，二是要挖掘和展示记忆，三是要传承和唤醒记忆，三者相互依存，缺一不可”[①]。让社会公众探索和发现历史记忆，就要深入挖掘馆藏文物所体现的文化特征和文化内涵，为公众探索历史记忆架起桥梁，传承和唤醒公众记忆。

2011年国际博物馆协会将国际博物馆日的主题确定为“博物馆与记忆”，希望引导和动员社会公众参与探索和发现历史记忆，共同保护人类珍贵而脆弱的文化遗产。一时间“记忆”一词成为全社会，特别是博物馆界关注的焦点，冲击着人们的文化情怀。A. 托夫勒（A.Toffler）在《第三次浪潮》中论述道，“在原始社会，人类被迫把他们储存的共有记忆和个人记忆放在同一个地方，这就是储存在个人的头脑中”，“第二次浪潮冲破记忆的障碍，它传播了群体文化，它保存了系统的记忆，建造了上千个图书馆和博物馆，发明了档案柜。一句话，它把社会记忆扩展到人们的大脑之外，找到了新

① 林道喜：《博物馆是促进社会和谐的重要力量》，载《中国纪念馆》，2011（1），94页。

储存方法，冲破了原来的局限”[①]。

2000多年前，古希腊的哲学家亚里士多德就曾说过：“人们为了活着而聚集到城市，为了生活得更美好而留居于城市。”没有家的感觉的城市不是一座美好的城市，没有家的感觉的城市人们不会生活得更美好。衡量一座城市健康发展和公民幸福的标准，绝非仅仅是国内生产总值（GDP），经济发展本身不是目的，得到幸福才是社会发展的最终目的。因此，城市应该成为社会公众美好的精神家园，作为城市重要的文化设施，博物馆理应承担重任。

如今，人们与城市的关系，已经变得越来越密切。城市在经济、政治、文化和社会中的重要地位，以及城市文化多样性的体现，使人们可以了解和预测城市的过去、现在及可能的未来。有人将这种认识称之为“城市博物馆运动”。博物馆应该自觉关心城市的发展，围绕城市关心的问题进行联动，并从自身的角度参与城市精神与文化的建设。实际上，在普通公众的实际生活中，博物馆始终缺乏公共性。“这首先体现在，一是作为教育机构，博物馆的角色缺乏大众认同。二是作为研究机构，它的研究成果缺乏社会关注度。三是作为收藏机构，它的收藏趣味与视野距离大众欣赏有一定距离”[②]。

博物馆应把握历史发展的规律，积极参与社会的变迁，充满活力地参与创造新的未来。博物馆的社会服务是直接反映博物馆工作水平的窗口，也是社会评价博物馆工作质量的重要依据。博物馆不仅为今天的城市记录过去，也要为未来的城市留存今天。博物馆要从单纯的回放足迹变成时间上的双重指向，既回顾过去，更指向未

① “加强博物馆展示宣传与社会服务”调研课题组：《当代大学生眼中的博物馆》，见《博物馆观察——博物馆展示宣传与社会服务工作调查研究》，11页，北京，学苑出版社，2005。

② 郭长虹：《社会发展与博物馆社会服务观念的变革》，见《博物馆观察——博物馆展示宣传与社会服务工作调查研究》，132页，学苑出版社，2005。

来。这一特性，决定其作用也不仅仅表现在文物收藏、文物研究和文物陈列，还表现在以其独有的文化资源和文化方式，为社会进步和文化发展服务。博物馆应鼓励研究人员文理兼融，能够发表国内外同行认可的学术论文；能够编写出内容正确、引人入胜的陈列展览大纲；能够写出深入浅出、科学严谨、启人深思的展示说明文。

博物馆的研究人员除了自己所学专业外，还应该努力掌握更多的博物馆学以及相关社会科学知识。2009 年，天津博物馆积极与有关方面联系，依托天津市区各级政府为社区民众建设了 200 余个市民学习中心、15 个社区居民终身学习服务中心，以及 100 个社区青少年快乐营地，将精心准备的展览和高水平的文化讲座有计划、有步骤地送进社区，让居民足不出社区就能享受文化服务。以社区教育为依托，天津博物馆还形成了文化服务网络，建立起社区文化互动的长期机制[①]。

天津博物馆

① 卢永琇，刘芳菲：《成长夏天暑期快乐营》，载《中国文物报》，2010-08-11（5）。

在传统意义上，博物馆主要反映人类历史发展进程，而对现在和未来则较少关注。但是在社会生活中，过去、现在和将来并非截然分开，而是浑然一体。过去的记忆、现在的状况和未来的趋势，同时反映在人们的日常生活之中，发挥着潜移默化的影响。博物馆所表现的人类历史发展进程应是完整的、前瞻的文化内容，促进文化之间的尊重和理解。因此，博物馆的陈列展示和社会服务，要紧跟历史的步伐，倾听社会的呼声，满足民众的需求。

马自树先生认为："紧跟历史步伐，把握时代脉搏，博物馆就不能不关心、不贴近、不反映社会生活中热点问题，焦点问题。譬如，'三农'问题，环境灾害（包括洪灾、旱灾、沙尘暴、荒漠化）、卫生灾害（艾滋病、'非典'、禽流感）、工程事故（如矿难）、制假售假以及防腐倡廉、下岗待业、留学求职等等，这些实际生活中凸现出来的问题，如果能在博物馆里推出陈列展览，必然会给人以警惕，促人以励志，起到正本清源，传递信息，抑恶扬善，总结经验教训的效果。"他在文章中还多次呼吁博物馆要关注我国多数人群，例如农民、民工和一些弱势群体的命运。"如果请农民看农业技术展览，看增收减负展览，看科学养殖展览，他们一定会欢迎。如果请城里民工看技术培训展览，看维护自身权益（包括工资权益、人身安全、劳动保护）展览，他们也一定乐意。"①

20世纪60年代，联合国教科文组织通过的《关于博物馆向公众开放最有效方法的建议》，强调个人都有平等享受博物馆服务的权利，强调不分种族、性别或任何经济、社会差别。公共性是德国思想家哈贝马斯于20世纪60年代在《公共领域的结构转型》中提出的概念。哈贝马斯认为，公共领域是一个向所有公民开放的、公共

① 马自树：《文博余话》，北京，紫禁城出版社，2011。

意见能够自由形成的空间。公共性是近代以来博物馆的本质属性之一，博物馆的公共性根植于其赖以产生的公共文化需求，体现在政府对博物馆的管理和博物馆自身的服务工作之中。博物馆的公共性是评判博物馆制度的基准性价值，是博物馆制度分析的基本理念和核心精神。

《国际博物馆协会职业道德规范》指出，“管理机构应保证博物馆及其藏品定期的和合理开放时间中向所有人开放。特别要关注那些有特殊需要的人们”。这里“所有人”和“有特殊需要的人们”，均是博物馆对服务对象坚持公共性观念，这是对代内公平的最好诠释。公正性是前提，公平性是核心，公益性是目标，公开性是保证。博物馆制度只有以公正、公平、公益、公开作为价值追求，才能真正实现公共性。公共性是博物馆的基本属性，博物馆制度必须以维护、实现、发展公共利益为目标，把公共利益作为安排管理方式、服务内容、制度机制的价值标准①。

在一百多年的发展历史中，我国博物馆经历了从无到有，从少到多，从具有一定规模到形成完整体系的过程。但是，长期以来由于缺少博物馆产生和生存的文化背景，博物馆在社会生活中一直处于边缘化的地位，缺乏必要的社会关注和公众参与。而这种公共性的缺失，目前已经构成我国博物馆事业可持续发展的瓶颈。因此，博物馆制度的构建，必须保证普通公众享有充分的知情权、参与权、监督权和受益权，必须给予社会公众充分表达意愿的渠道、参与管理的机制、进行监督的方式，用社会民众自身的力量来维护公共利益。

政府对博物馆的管理，本质上是对公共事务的管理，所以要更多地体现公共精神。2005 年颁发的《博物馆管理办法》指出，“博

① 史吉祥：《论博物馆的公共性》，载《中国博物馆》，2008（3），23 页。

物馆对公众开放应当遵守以下规定：（1）公告服务项目和开放时间，变更服务项目和开放时间的，应当提前7日公告；（2）开放时间应当与公众的工作、学习及休闲时间相协调，法定节假日和学校寒暑假期间，应当适当延长开放时间；（3）无正当理由，国有博物馆全年开放时间不少于10个月，非国有博物馆全年开放时间不少于8个月”。但是，仅仅做到上述规定，并未彻底解决博物馆的公共性问题，在很多方面还存在缺失。例如在博物馆的选址建设、藏品保护、运营管理、财务状况等诸多方面，缺少对公众公开的制度保障。

博物馆教育活动需要不断扩大场馆时空和受众群体，既可以在展厅内，也可以在讲座教室、多功能厅，还可以在藏品库房、研究室内，以及在博物馆外的各类场所；活动时间既可在正常参观时间，也可按活动需要安排在夜晚，扩大博物馆活动的时空。2009年国际博物馆日，宁波博物馆以7所高等院校社会实践学生组成的60多名志愿者，用40块图板、100多件复制文物和标本，以及音像、图书资料，组建了一个“流动博物馆”，坚持不懈地将“流动博物馆”送进了聋哑学校、福利院、部队、外来务工人员驻地、监狱等单位和社区，使更多不便来博物馆参观的特殊群体，能够共享到博物馆文化服务，架起了历史与现实、博物馆与社会联系的桥梁。

2010年8月，四川博物院“大篷车”流动博物馆满怀着对失去双亲孤儿的关爱走进了成都SOS儿童村。采用家庭模式收养孤儿的成都SOS儿童村，现在有150多名少年儿童。此次“大篷车”流动博物馆携手《红领巾》杂志社到成都SOS儿童村，带去了精品文物的展览图片，带去了孩子们喜爱的陶塑小玩意，还为孩子们准备了互动节目及学习、体育用品。在教室里，SOS儿童村的孩子们踊跃参与有奖问答，还根据四川博物院“说唱俑”的经典形象，开展拼图比赛，每个孩子的脸上都洋溢着可爱的笑容，兴趣盎然，气氛热烈[①]。

法国从2004年起，在一年一度的“博物馆之春”活动中，由法兰西博物馆局与教育部联合向儿童推出了“带着你的父母去看博物馆”的活动，有500家博物馆参加此项活动。在整整一个月的时间里，有40万法国儿童收到一封由活动主办单位发出的盛情邀请信，他们可以凭着这封邀请信，带着父母一起去参观博物馆，而且一切都是免费的[②]。蓬皮杜文化艺术中心设有两个儿童乐园：一个是儿童图书馆，存放的全部是儿童读物；另一个是儿童工作室，供孩子们学习绘画、舞蹈、表演。

法国巴黎蓬皮杜艺术中心

① 王玥：《川博大篷车博物馆走进SOS儿童村》，载《中国文物报》，2010-08-11（8）。
② 云自在：《中国博物馆怎样让人亲近？》，载《人民日报海外），2010-11-05（15）。

2010 年秋天，意大利罗马的许多著名古迹都宣布了新的参观办法：延长开放时间，并开放一些以前对公众关闭的区域。靠近帕拉第尼山的古迹卡拉卡拉浴场在 2010 年 10 月开放夜晚时段的参观。虽然从前它是夜间歌剧表演的背景，但是作为古迹，在天黑之后向公众开放还是首次。罗马众多著名古迹实行新的开放规定，不但对游客和考古学家来说是个喜讯，对这些著名古迹本身也是件好事，由于增加文物古迹的开放数量、延长开放时间，使这些文物古迹得以更多融入社会生活，得到社会公众更多的关注[①]。

新的参观办法使古罗马竞技场从白天开放到午夜，在超过正常开放时间的 5 个小时中，考古学家带领多达 40 个旅游团体参观，观看古罗马角斗士的青铜盔甲和铁制武器展览，并且就近参观被修复的角斗平台。此前，这个木制平台很少向观众开放，参观者只能站在竞技场的楼层上向下俯视。古罗马竞技场的管理主任 R. 里亚（R.Leah）说："我们将努力开放更多的区域，以便使游客了解整个建筑物。"古罗马竞技场地面以下限制参观的区域，也就是第三层护墙，也将向游客开放。该区域类似剧场舞台后面的演员集结区，是一个"黑暗和危险的，然而也是非常吸引人的地方"。

博物馆的任务与目的在于促进人的全面发展，一切着眼于人们的素质提升、人格完善。当前一些博物馆管理者，开始重新思考博物馆在社会生活中的作用与定位。柏林国家博物馆总馆长 M. 艾森豪尔（M.Eissenhauer）认为，"博物馆是人类的文化记忆。只有当我们了解自己的过去时，才能设计我们的未来，因此博物馆是当代社会的重要组成部分"[②]。 美国博物馆协会组织的关于博物馆教育功能

① 朗楷淳：《罗马多处古迹今秋扩大开放》，载《中国文化报》，2010-09-25（4）。
② 徐馨：《博物馆：近些，再近些》，载《人民日报》，2011-03-31（24）。

的讨论，将教育一词改为“交流”，主要是因为“交流一词比教育一词更能正确地反映博物馆与观众的关系，前者是双向的，后者是单向的；前者是一种平等关系，后者令人有居高临下之感”[①]。

应鼓励社会各界参与和支持博物馆事业的发展，发挥社会团体、民间组织和博物馆志愿者等的作用，它们应该成为博物馆事业社会服务支撑体系的重要组成部分。特别是与广大民众直接接触的县级博物馆等基层博物馆，往往在人力、财力、物力等资源方面相对短缺，因此应积极探索博物馆资源整合模式，鼓励博物馆馆际合作和跨地区、跨部门、跨行业的博物馆合作，鼓励博物馆之间的横向交流和人才、信息、藏品资源的共享，积极探索利用不同博物馆资源、不同行业资源提高博物馆社会服务能力。

知识教育与人文关怀相结合，可以使博物馆枯燥的内容变得生动形象，贴近生活，联系实际。青岛市博物馆依托资源优势，结合青少年的兴趣爱好，举办“奇妙博物馆”系列社会教育活动。2009年首次举办的暑期公益培训班受到广大家长和学生们的欢迎。培训班中博物馆深挖馆藏文物资源优势，充分调动博物馆师资力量，为学生们带来“我是小小翻译家”“我是小小口才家”和“我是小小绘画家”3个主要方面的培训课程。培训班所涉及的授课内容均来自于博物馆陈列展览。同时，开放式的教学方式，轻松愉快的课堂气氛与博物馆厚重的历史文化相结合，赢得了家长和学生们的喜爱。

2010年暑期期间，青岛市博物馆经过前期调研、周密策划、细心组织，推出了首届文博夏令营。夏令营第一站就走进了新近发现的商周考古遗址。在青岛市考古研究所的安排下，小营员们第一次走进考古现场，亲眼目睹文物出土的过程，近距离接触祖先们用过

① 郑奕：《现代美国艺术博物馆及其观众》，载《东南文化》，2011（1），113页。

的生活用具，了解2000多年前先民的生活状况，对考古常识也有了初步的了解。夏令营活动还包括带领小营员们外出参观市内其他博物馆及陶器制作现场，指导他们印制年画、彩绘扇面、捏制陶器造型等。夏令营的最后一天，小营员们向家长汇报展示所学课程，展示内容令在座的家长和授课老师深为感动①。

博物馆是保存人类知识与经验的文化场所，也是带领人们探触自然、理解世界的文化空间，更是人们终身学习、促进社会发展的园地。正如古希腊哲学家柏拉图所说："有理性的生活就是有道德的生活，是至善。过这种生活才有理性。"1966年12月，联合国通过了《经济、社会、文化权利国际公约》，其文化方面的主要内容为："人人有权参加文化生活，享受科学进步及其应用所产生的利益，对其本人的任何科学、文学或艺术作品所产生的精神上和物质上的权益，享受被保护之权利。""公约缔约国为充分实现这一权利而采取的步骤应包括保存、发展和传播科学和文化所必需的步骤。"

新华社调研小分队调查显示，近年来，我国地区、城乡、行业、群体间的收入差距有所加大，分配格局失衡导致部分社会财富向少数人集中，收入差距已经超过基尼系数标志的警戒"红线"，由此带来的诸多问题正在日益成为社会各界关注的焦点。专家认为，当前我国收入分配已经走到亟须调整的"十字路口"，缩小贫富差距、解决分配不公问题十分迫切②。 在这一背景下，伦理道德层面的文化失根、民族传统的断层现象相当严重。在世界上，如果到处是充满物欲横流、金钱至上的社会氛围，将导致一些人失去正常人固有的理性，甚至越过道德和法律的底线。

---

① 王蕾，康豪：《孩子们的快乐大本营》，载《中国文物报》，2010-08-18（3）。
② 《我国贫富差距逼近社会容忍"红线"》，载《北京晚报》，2010-05-10（2）。

H. 格林希尔（H.Greenhill）认为，“相对于现代博物馆以保存及展示为主，后博物馆更重视如何使用典藏品，使之与人发生关联。而展览虽然继续扮演不可忽视的角色，却只是一系列活动之一部分而已”。他认为，“活动及过程，而非收藏及展览，才是后博物馆重要的精神。也就是说，后博物馆的沟通模式不仅限于展览而已，如何与社区互动、沟通协商及寻找各种合作伙伴，乃至各种活动、演出等，都是后博物馆所涵盖的范畴。除此之外，因为强调多元协商及参与的特色，后博物馆所呈现的知识架构也不再是统一的，而是多元的、片段的及众声喧哗的。而其内容的价值观也不再是客观及理性次序的，而是鼓励合作、协商及多元价值并呈的”。

由于遗址类博物馆反映的时代通常离现代社会有一段距离，因此在博物馆与公众之间需要建立一种良性的双向互动关系。为此，遗址博物馆需要营造更多的参与场景。2010 年 9 月，5 集大型史诗电视片《大明宫》在中央电视台《探索与发现》栏目播出。该片采用“故事片加纪录片”的叙事方法，“实景拍摄加三维动画”的拍摄技术，在考证的基础上复原唐大明宫含元殿、麟德殿、丹凤门等雄伟建筑。讲述大明宫从建造、辉煌到毁灭的过程，展示大唐帝国曾经的辉煌和荣耀，昭示大唐盛世的文化内涵，通过一系列风云人物、历史场景、历史事件等内容，以更加广阔的视角重新审视大明宫历史，诠释大唐文明[①]。

① 毛海峰：《电视片《大明宫》诠释大唐文明》，载《中国文化报》，2010-09-10（6）。

大明宫国家遗址公园考古探索中心

鸦片战争博物馆深入挖掘虎门销烟与鸦片战争历史文化资源，不局限于相对静态的陈列展览讲解，而是扩展为鲜活动态的艺术展演，将深邃的历史内涵转化为鲜活的舞台艺术，尝试将历史题材转化为小型、专题、系列的舞台艺术，例如舞台剧《铭记历史 禁绝毒品》、情景剧《虎门魂》、京韵大鼓《销毒瘤，洗国耻》、小品《罂粟与玫瑰》等一系列节目，实现用艺术语言诠释文化底蕴，用艺术动感激发爱国情操。每年 6·26 国际禁毒日，博物馆均组织禁毒巡演分队，到各地举行宣讲和巡演，累计演出场次数以百计，探索出一条“以文物资源为依托，以创作表演为突破，以流动博物馆为载体，以基地共建为平台”的创新之路，赋予博物馆文化以鲜活的生命，让静止的文物鲜活起来，让固定的文物流动起来，让封闭的博物馆开放起来[①]。

---

① 张建雄：《宣教创新：架起博物馆与社会的桥梁》，载《中国文物报》，2010-09-15（3）。

为了充分发挥河南古代音乐文物资源优势，更加形象生动地展示大量音乐文物的丰富内涵，河南博物院精心设计了“华夏古乐展演活动”，组织专家根据文物考古成果，对“史前乐舞”“先秦钟磬古乐”“唐代歌舞伎乐”“古琴音乐”等进行系统的复原研究和科学论证。华夏古乐演出突破博物馆静态的陈列设计，营造动态的文化体验氛围，从独特的视角将观众带入中原文化历史厚重的岁月。通过系列展演活动，使观众在聆听远古音乐的同时，享受到博物馆的多元文化和视觉盛宴。华夏古乐团成立10年来，先后赴香港音乐厅、上海世界博览会和国家大剧院演出，彰显出博物馆文化的独特优势。

河南博物院“鼎盛中华”中国鼎文化展开幕式

为满足广大民众欣赏优秀陈列展览的要求，充分发挥各博物馆资源的比较优势，带动中小型博物馆的发展。广东省启动“广东博物馆陈列展览协作交流网”，根据调研情况定出选题，帮助整合全省各地博物馆的陈列展览和各地的文化资源。参加网络巡回的展览，一般选取普通民众喜欢、雅俗共赏的展览，不仅有历史类、艺术类的陈列展览，也有人物类、自然类的陈列展览，地方色彩浓厚。展览网络启动后，30余家博物馆加入其中。每年精心组织10多项展览，在全省各地博物馆巡回展出，受惠人数达到4000万，其中覆盖的山区县人数达1000多万人，受到广大民众的欢迎，取得了良好的效果。同时，展览网络定期举办博物馆展览和讲解人员培训，有利于各类博物馆专业人才的培养和专业水平的提高。

马丁·罗特指出，“博物馆的核心任务永远是收藏、研究、保护和展示。与此同时，博物馆是整个社会的黏合剂；它缩短了老人和青年人的距离，缩短了不同教育程度者的距离”①。2011年6月，莫斯科市文化局官方网站公布《2012至2016年莫斯科文化活动计划草案》，其中特别对移民文化活动做出规划。草案指出，在2012年至2016年期间，莫斯科将实施“移民参观莫斯科博物馆”项目。莫斯科多家博物馆将制订专题计划，并组织参观活动，讲述莫斯科的文化生活、传统和历史，旨在使外来移民融入莫斯科社会。预计这一计划将使莫斯科各博物馆的参观率提高25%②。

博物馆的公益性质，是其长久存在、不断发展的理由。英国的博物馆与社区居民常常展开交流与合作，诸如征集陈列展览主题、文物藏品等。英格兰的泰恩和威尔博物馆组织筹备的“文化震撼”计划就是这方面的典型案例。该项目面向英格兰东北部地区的广大市民，征集1000个数码影像故事，历时两年，最后评选出100个故事，放在专门为这个项目研发的网站上。该项目使公众亲身感受历史发展的脉动，不仅拉近了博物馆与社会公众之间的距离，而且拓

① 徐馨：《博物馆：近些，再近些》，载《人民日报》，2011-03-31（24）。
② 《莫斯科博物馆助移民融入社会》，载《中国文化报》，2011-06-16（3）。

展了博物馆的文化功能，使博物馆更好地融入社会生活，成为挖掘和传承公众历史记忆的重要平台①。

近年来，城市化进程不断加快。但是，在城市房屋建设、基础设施建设的成果不断给人们的工作和生活带来便利的同时，也出现了一些迫切需要解决的问题，其中文化传统的失落、历史遗迹的消失、文化景观的“千城一面”等，诸多城市结构性和功能性衰落的问题，使城市有机更新、传统文化传承、历史街区肌理，均出现了明显的断裂。“城市日益成为人类活动的中心。然而，城市的发展也面临着自身成长和文化传承的矛盾。人文关怀日益丧失，文化冲突不断显现，城市记忆消失，富有特色的历史区域和传统文化不断被格式化的现象日益严重。”②

传统文化、地域文化是城市发展资源中不可或缺的固有组成部分，在塑造城市个性特色、提升城市生活品质、维护文化多样性、保持生活延续性，维持社会民众，特别是社区居民对城市和街区的认同感等方面，具有举足轻重的作用。博物馆积极倡导多元文化的共生与融合，努力将传统文化基因融入到现代城市文化的变革之中，通过陈列展览和文化活动，使丰富的博物馆藏品资源、人才资源、设施资源等自身优势，以一系列丰富多彩的文化活动为载体，整合进当代城市的文化发展体系，使博物馆成为新的城市文化坐标，在不断发展变化的城市环境中，获得持续而旺盛的生命力。

无论是博物馆的历史考察还是博物馆学理论的探讨，一个显而易见的事实是，博物馆就是一个基于文化遗产的保护与利用的社会教育机构，这是博物馆的核心理念与功能。过去，当人们认为某种

① 纪双城：《向国外博物馆同行学“竞争”》，载《环球时报》，2011-04-22（13）。
② 蔡武：《文化是城市的内核和灵魂》，载《中国文化产业》，2010（8）16页。

东西已经过时，就说“早该进博物馆了”。这种说法表明人们普遍认为，博物馆只是存放或寻找历史记忆的地方，而与现实生活之间存在距离。今天，博物馆可以自豪地回应那些批评“博物馆仅仅代表过去”的偏见认识，正是博物馆收藏、保存、展示、利用人类所继承下来的文化与自然遗产，才使博物馆真正成为社会新文化创造的动力和源泉[①]。

近年来，各类博物馆都在积极举办临时展览，取得了明显的社会效果。但是，由于观众欣赏水平的不断提高和需求的多样化，对博物馆的陈列展览提出了更高的要求。因此博物馆在筹办陈列展览时，常常为文物藏品匮乏、不成系统、难以满足社会需求而苦恼，特别是要组织一项有分量的专题文物展览，仅凭一座博物馆自身力量难以实现。为了改变这一状况，通过相关博物馆联合，发挥文物藏品和专业人才的整体优势，能够取得圆满的效果。因此，如何加强博物馆馆际联系，组织文物藏品联展，将各博物馆的力量在可能范围内加以联合，显得尤为重要。

20 世纪 80 年代以来，世界各国的博物馆以前所未有的力度，加快融入社会生活的步伐。全球博物馆的建设发展高潮也持续至今，恰恰就是社会各界对博物馆独特价值的认可，对博物馆所付出努力的肯定与鼓励，从而赢得了社会民众的正面评价。博物馆教育区别于社会其他机构，尤其是学校教育，具有自身特殊的功能。从广度上讲，博物馆作为公益性机构，为全社会服务，要充分考虑到不同观众对博物馆服务的不同要求，保证服务的可获得性；就深度而言，博物馆在研究文物藏品、陈列展览的基础上，要充分利用自有资源，为社会提供尽可能多的服务内容。

---

① 陈建明：《虚拟的场景 真实的遗产》，载《中国博物馆》，2008（3），16 页。

国际博物馆协会前主席 A.S. 康明斯 (A.S.Cummins) 认为："对人类社会而言，无论人们怎么认识自己，相信什么，或者选择如何表达自己，遗产是我们共同的身份。"[①] 法国前总统密特朗曾说："法国博物馆如今已成为人们分享喜悦和知识的场所，是传承记忆、对比今昔、深入思考的场所，是充满灵感和创造的场所。"为了人的生存和发展服务已经成为世界各国博物馆的共识。博物馆的一切功能都是以人的需要为出发点，这种发展趋势着重体现在博物馆教育功能的加强和服务的改进上。以人为本的理念打破了博物馆仅为收藏、保护、展示文物藏品而存在的观念束缚，达成了博物馆的存在是为公众服务的共识，为此许多博物馆在陈列展览、社会教育和服务观众方面不断探索、不断创新。

① 许汉琴：《充分发挥博物馆在构建和谐社会中的重要作用》，载《中国纪念馆》，2011（1），52 页。

关于故宫博物院服务水平的提升

（2013年7月8日）

经过努力，目前端门—午门广场的环境整治提升工程初步完成。回想一年多以前，端门广场尚未启用，观众只能在午门前的东、西售票处购票，16个售票窗口常常挤得满满的，一到暑期和“五一”“十一”等节假日，观众需要排队1个小时左右才能买到票，每当看到观众们为买票挤到筋疲力尽，才能拖着疲惫的身体进入故宫博物院时，故宫博物院的员工们心里很不是滋味。当时，在午门

故宫博物院改善观众购票环境

广场上，购票、验票、存包、安检各项职能交集，人群挤成一片。在人群中还有“黑倒票”“黑导游”、小商小贩混迹其中，观众对故宫博物院的第一印象可想而知。如今端门—午门广场经过整治，环境清新宜人，古建筑得到修缮，基础设施得到改善。

端门西朝房位于端门以北西侧，建筑面积将近2000平方米，目前分别设置售票设施和观众服务设施，以热情周到的服务欢迎每一位观众。在售票方面，计划于今年暑期起正式关闭午门东西侧的售票处，售票口全部移至端门西朝房，30个售票窗口一字排开，比过去的16个售票窗口多了14个，售票接待能力增加87.5%，将大大缩短观众排队的时间，故宫博物院已经向社会承诺，观众购买门票的时间不应超过15分钟，实际上在大多数情况下，观众购买门票的时间只需要3~5分钟。在售票处的北侧是观众服务中心，观众在这里可以接受讲解咨询或自助查询，用最短的时间了解到故宫博物院的基本信息，并且在这里获取参观前所需的辅助服务，例如领取免费导游图、观看介绍故宫博物院的影视资料、饮水休息、手机充电、免费领取轮椅和童车等，还有医疗药箱、针线包等多项服务。同时，端门是大量观众进入故宫博物院参观的重要通道，如厕难成为困扰观众出行的一大问题。为缓解这一现状，在端门西朝房南侧增设了公共卫生间，使端门地区公共卫生间比之前的面积增加了一倍，方便前来参观的观众。根据统一规划，端门西朝房部分区域作为故宫商店，向观众提供故宫文化产品，目前内部装修已经临近尾声，在今年10月1日前将开始为观众服务。

目前，端门广场在观众服务方面还有很多提升的空间，例如每天都可以看到端门广场的行道树下围着树坑坐着不少观众，有关部门建议在树下安置一圈座椅，但是安装公共座椅需要注意安全、实用和美观，一是座椅要安全坚固，不易损坏伤人；二是座椅要坐着舒服，但是不能便于躺卧；三是要方便清理，不能妨碍垃圾清扫；四是要与环境景观相协调，在色彩、形式等方面具有故宫特色。同时，座椅的设置不能妨碍树木的自然生长。经过多次现场观察，如果沿着午门至端门中间道路行道树的两侧，各设置两排在故宫博物院内长期使用效果很好的座椅，可以解决众多观众的休息需要，避免人们席地而坐，既不舒适，又不雅观的问题。

故宫博物院御花园环境提升

在午门广场，售票处南移后，大大缓解高峰时段午门外广场的观众拥堵压力。过去午门城楼的三个门洞，中间门洞为接待来宾的通道，观众只能走两边的门洞，而两边门洞的通道上还设置了安检设施，影响了观众的通行能力，因此每当高峰日观众要排着长队进入故宫博物院。同时，在午门门洞前安置验票用房，设置栏杆，使观众的通行更加不畅。由于此前只有两台安检设施，效率不高也影响了观众通行。

2013 年 7 月 1 日，新的午门安检设施正式投入运行，解决了故宫博物院检票和安检的诸多难题。一是解决了安检空间狭小的问题。将安检端口由午门东、西门洞内前移到午门外广场，充分利用广场空间设置两组共六间安检房，较好地解决了空间压力，方便了安检工作的管理。特别是安检通道增加，将缓解“五一”“十一”等节假日和暑期观众流量大带来的安检压力。二是解决检票口的拥挤问题。原来检票口在午门东西门洞外，空间狭小，无法对观众分散检查，观众队伍拥挤在检票口，检票口秩序维护的压力较大。现在检票口随着安检设施前移也移往午门外广场，检票通道由原来的 12 条增加到 20 条，空间开阔，缓解了检票口的压力。

故宫博物院每年都有大量的接待任务，按照以往的惯例，接待来宾的车队可以在故宫博物院的开放区域内行驶。随着观众数量的增加和观众维权意识的加强，机动车在开放区域内行驶越来越受到质疑，为此故宫博物院决定任何车辆都不得驶入开放区域。首先从故宫员工做起。去年夏年开始，包括院长在内，执行公务时不再乘车穿过开放区域，随后无论接待任何级别的领导，均要求不得乘车进入开放区域。在今年 3 月全国政协会议期间我提交了《关于机动车辆不再穿行故宫博物院开放区域的提案》，通过媒体的宣传，得到社会各界的共识。在世界上，无论是英国的白金汉宫、法国的凡尔赛宫，还是日本的皇宫，都不允许驾车进入。故宫是神圣庄严的地方，应该拥有尊严，受到来访者的尊敬，仅从这一点考虑也不应该允许机动车穿行于故宫博物院的开放区域。经过协商，与公安部门和外交部门达成共识，同意即使是外国的国家元首、政府首脑今后也不再开车进入紫禁城。

为了缓解清明节、“五一”等法定节假日期间，御花园堆秀山区域观众过于拥挤的问题，今年开始实行分流限流措施，对参观人流做出合理的分流，从中路、西路进入御花园的观众走西侧，只有从东路进入御花园的观众才走堆秀山区域，这样75%以上的观众避开堆秀山区域，避免局部区域过度拥挤。同时，打开启祥门，分流西六宫区域不准备参观御花园的观众。遇到特别拥挤时段，还会对进入御花园的观众采取短时间限流等措施。实践证明，这些努力取得了较好的效果。

为加强对故宫这一世界文化遗产的保护，及时开展对故宫古建筑和文物藏品的检查保养，定期对展览设备及服务设施进行维护，保证故宫在客流量不断增长的情况下正常运转，确保观众安全参观，故宫博物院自今年开始实行闭馆措施。经过在淡季试行周一闭馆半天，到正式实行国家法定节假日和暑期除外全年周一闭馆半天，对故宫博物院各项工作的有序开展起到了一定的促进作用。截至今年6月底，除国家法定节假日，故宫博物院今年共有22个周一实行了闭馆半天的措施。古建筑及文物藏品得以检查保养，展览设备、安防消防设备及服务设施得以检修维护，一线管理人员及员工得以开展系统的培训，也使广大一线员工常年紧绷的身心得以短暂休整。

故宫文化产品营销，本着社会效益第一，兼顾经济效益的经营理念，深入挖掘故宫博物院的优秀传统文化元素，既使文化产品更具故宫特色，又努力满足消费者的多层次需求。目前越来越多的故宫文化产品受到人们的喜爱，例如宫廷娃娃系列文化产品，就很受青少年观众的欢迎，手机壳等系列文化产品又很受成年观众追捧。德国默克尔总理来访时就对故宫博物院的文化产品倍加赞扬，法国奥朗德总统及其女友也对故宫文化产品披肩十分喜爱。故宫博物院十分珍惜“故宫”“紫禁城”文化产品品牌，目前具有故宫特色的文化产品已经有4000余个品种，每年研发新的文化产品200种左右。同时，配合每年举办的陈列展览，研发具有故宫文化特色，拥有自主知识产权的系列文化产品。同时，故宫博物院拥有全国博物馆系统唯一的出版社，近年来出版图书的质量和数量不断提升，成为故宫文化传播的重要平台。

故宫文化产品

今天的故宫博物院更加公开透明。首先是管理公开，故宫博物院在全国博物馆中率先公布了114项规章制度，于今年年初正式出版了《故宫博物院规章制度汇编》，使每一个人对故宫博物院的管理都有知情权、参与权、监督权和受益权。其次是藏品公开，故宫博物院在全国博物馆中，率先公开了藏品总目，作为全国拥有文物藏品最多的博物馆，能够做到公开藏品总目，需要反复对公开内容进行核对。三是定期和不定期地召开媒体见面会、发布会、座谈会，就一些热点问题及时主动地与媒体沟通，并通过媒体进行广泛宣传，例如关于每周一下午闭馆一事，决定之初担心社会公众不理解。于是召开媒体见面会，说明此举的目的是为了开放环境得以改善、文物建筑得到维修、员工培训得以保障，邀请媒体深入现场，了解故宫实施闭馆以后的工作状态后，获得很多媒体的支持。

从重“物”到“人”“物”并重
——博物馆社会服务理念的提升①

（2013年9月28日）

从博物馆功能与职能演变历史来看，博物馆最早的形态只有一个职能，即“收藏”。这一阶段的博物馆文化纯属贵族文化，与社会公众无关。伴随收藏数量和品种的不断发展，藏品管理的科学化要求日益迫切，于是出现了博物馆的第二职能，即“研究”，形成了博物馆收藏与研究的双重职能，也实现了博物馆发展历史上功能与职能的第一次分工。再后，伴随时代进步，公民意识增强，文化教育成为重要的社会问题，博物馆也由少数社会精英独享，逐渐走向社会公众共享，变为社会文化教育活动的公共机构。教育职能不仅与收藏和研究职能鼎足而立，而且得到了前所未有的加强和突出，与原有的收藏和研究职能形成三足鼎立局面，并一直影响到今天。

“教育”职能的诞生，是博物馆发展历史上功能与职能的第二次分工，被人们认为是近代博物馆诞生的标志。此后，经历一系列博物馆现代化运动之后，博物馆“为社会和社会发展服务”的定义，成为国际社会，特别是博物馆界的高度共识，为博物馆功能与职能又注入了面向社会服务的最新时代内涵，成为博物馆当代形态的主要特征。这一场“第三次博物馆革命”，使博物馆开始强调“以人为本”的理念，倡导“博物馆既关心物更关心人”，在博物馆历史上第

① 此文发表于《上海文博》2013年第3期。

“国际礼品展”开幕式

一次把“人”与“物”置于同等重要的位置[①]。

长期以来，人们从不同角度、各个方面认真探讨博物馆问题，一是关于学科属性和理论方法方面的研究，包括定义、本质、对象、功能、任务、结构、体系、价值与方法等；二是关于其应用性或实践性方面的研究，包括陈列、藏品、文物保护技术、观众和博物馆管理等。所有这些，共同为博物馆事业的发展奠定了坚实基础[②]。“直到20世纪70年代，人们在反思中才真正摆脱了对物的‘专注’，而把对人的关注提高到新的认识阶段”。在这个运动的影响下许多新型博物馆逐渐发展壮大起来。

20世纪70年代兴起的新博物馆学运动，推动和更新了博物馆的经营和管理理念及所承担的社会职能。该运动关注更多的是博物

① 丁福利：《强化公共服务》，载《中原文物》，2011（2），91页

② 侯春燕：《博物馆学研究的“实”与“虚”》，载《中国文物》，2009-12-02（6）。

馆如何为社会及社会发展服务，如何协调人类与自然环境的关系，如何将历史、现在与未来衔接起来。博物馆犹如一本厚重的大书，承载着人类文明血脉相传、赓续绵延的奥秘。博物馆的基本职能是收藏、研究和教育。在博物馆发展史上，虽然人们对这三大职能之间的关系及其轻重缓急的认识不尽一致，但是一般而言，多以收藏与研究为手段，而以教育为目的。与之相应，博物馆服务于现实经济社会的方式是间接的，即通过博物馆的展示和研究活动，促使人们了解国情、认识传统，从而达到启迪民智、培育理性、提升情趣和健全人格的目的。

国际博物馆协会 1974 年博物馆定义所表达的"为社会和社会发展服务"的战略方向，将博物馆从自我封闭引向开放。其中明显地体现出博物馆从对"物"的关注中进一步解放出来，开始重视对"人"的关注。虽然，文物藏品是博物馆运营与发展的重要基础，但是不能"见物不见人""管物不管人"，而应该使博物馆从一个侧重收藏、展示、研究的场所，发展为坚持"以人为本"的社会文化传播机构，即从重"物"转变为"人""物"并重。

在博物馆长期发展历程中，文物藏品曾一度被博物馆作为唯一的核心要素，加倍予以重视。针对文物藏品开展的征集、保护、研究等项工作，在特定的历史时期里，一直被定位为博物馆的中心工作。进入 20 世纪 80 年代，一些日本学者预言：博物馆已经进入由以"物"为核心向以"人"为核心的转变时期[①]。 日本博物馆学者鹤田宗一郎提出，博物馆是"人与物之间的结合"，由此引发了博物馆从"物"向"人"转变的讨论。"博物馆不仅要关心物，博物馆更

① 安来顺：《当代博物馆的人文情怀与文化角色》，则《中国国际友谊》，第七卷，27 页，非正式出版物。

要关心人”逐渐成为博物馆界的普遍共识。1999年，意大利出现了“没有藏品的博物馆”。这家位于保罗格纳的犹太博物馆没有一件藏品，因而又被称为是一座“空的博物馆”。

近些年，日益兴起的完全不具备实体特征的网络虚拟博物馆，也对博物馆的“物”的本质引发了争议。博物馆的两大核心可以定位为“人”与“物”。博物馆的“人”既包括博物馆工作者，又包括广大参观者。博物馆的“物”则是特指博物馆的文物藏品。笔者认为，无论时代如何发展，无论博物馆的专业化功能和社会化职能如何延伸与拓展，对于博物馆来说，文物藏品的极端重要性必须继续得到认同，文物藏品的征集、保护、研究与利用，作为博物馆的本质特征，必须被坚守。否则，博物馆同展览馆之间将没有区别，博物馆将失去特色与个性，缺少灵魂与底蕴。因此，应该从重“物”，向“人”“物”并重转变。

山东山东省博物馆

近百年来，我国博物馆一直致力于提升人们的文化素质，丰富人们的精神生活。郑振铎先生认为，“中华人民共和国的文物工作，应该有与旧中国完全不同的认识与方式。那就是不能把文物、图书看作‘孤立’的脱离人民群众的东西，而是必须把它们和人民群众的实际生活联系起来。不能把博物馆、图书馆办成静止的消极的文物、图书的保存单位，而是应该打开大门，面向群众，为他们服务，对他们进行宣传和教育”[①]。 民族精神是民族文化的集中体现，是民族文化的灵魂，是一个民族赖以生存和发展的重要精神支撑。面对世界范围各种思想文化的相互激荡，必须把弘扬和培育民族精神作为文化建设极为重要的任务。

博物馆的社会责任在于以它所拥有的精神内涵，哺育社会、教化社会，让观众置身于博物馆中享受高雅艺术带给他们的快乐，从而在精神上提升主人翁意识，努力为社会发展做出贡献。在努力坚守博物馆文化品格的同时，还需要关注博物馆发展环境的变化趋势。随着人们生活质量的不断改善，人们渐渐将更多的目光注视到自身的精神生活，崇尚文化品位的欲望逐渐增强，在社会上引发了博物馆热和文化遗产热，因此，博物馆必将在社会生活中扮演更加重要的角色。同时，随着大众文化的兴起，特别是大众旅游的兴起，大众文化消费进入博物馆，使博物馆的参观群体迅速扩大，博物馆的社会责任也变得更加重大。

南通博物苑的实践不仅是我国博物馆最早的实践活动，而且是最经典的实践活动。无论是“纵人观览”的陈列活动，还是“并蓄兼收”的收藏活动，无论是将南通博物苑作为学校的后盾“为本校

① 卫东风，曾莉：《改造与整顿时期中国博物馆展览活动案例分析》，载《中国博物馆》，2008（4），91页。

师范生备物理上之实验”，还是将南通博物苑作为社会服务的场所“为地方人民广农业上之知识”，都无不从一开始就契合了现代博物馆的本质和规律[1]。《国际博物馆协会职业道德准则》指出：“博物馆是公众信任的对象，其社会价值与其所提供的服务质量成正比”，因此，“博物馆受聘人员在一切活动中必须本着诚实的态度，按照最严格的道德准则以及客观现实的最高水平行事”，将博物馆办成最讲诚信的殿堂。

江苏南通博物苑新展馆

随着经济社会发展，当人们的物质生活不断得到满足之后，就必然将目光转向文化，转向休闲，转向人的自身全面发展。在这种情况下，博物馆面临着发展的有利机遇。丰富的博物馆资源能够满足人们的学习、欣赏需求，能够使人们找到人文关怀的精神家园。

① 李让，李文昌：《博物馆的记忆与想象》，184 页，北京，学苑出版社，2005。

此时，博物馆的主要职能是对文物藏品负责，还是对观众负责，就成为现代与传统的重大区别。现代博物馆既实现对“物的关怀”，也实现对“人的关怀”，这一努力方向预示着博物馆工作在新世纪的发展趋势。对“物的关怀”与对“人的关怀”相辅相成，能够使博物馆真正成为社会公众生活中的朋友。

博物馆以物为本，还要以人为本。过去博物馆往往把对“物”的收藏、保护作为强调的重点，但是却忽视了博物馆为社会发展服务的目的。博物馆的发展目前不仅要重视文物标本，更要关注观众，重视观众的体验和感受。无论是陈列展览的内容，还是文物展品的选择，都要考虑观众的角度，增强观众的参与性、趣味性，体现以人为本的思想。这里的以人为本，还体现在观众在博物馆内能得到满意的服务。例如印刷有各国文字、介绍宣传博物馆的简介，设有服务台为观众提供咨询。博物馆还应设有餐厅、咖啡厅、卫生间、休息用的椅凳，在不影响主要参观路线的前提下，安排人性化的休息场所等。

博物馆教育具有实物性、直观性、自主性、社会性、寓教于乐等特点。随着社会的发展与观众的需求变化，教育者和受教育者之间的关系也随之发生了变化，教育人员的单向传播过程不再是唯一的手段，受教育者自主选择权逐渐扩大，观众与博物馆的互动越来越受到关注。就青少年而言，大学生、中学生、小学生乃至学龄前儿童，生长在信息时代，思维活跃、崇尚技术、追求时尚，需求呈现多样化、个性化，以往单向传播的教育模式和资讯方式，已经远远不能满足他们对博物馆的需求，这就需要采取不同的传播内容，不同的教育方法，不同的工作语言，以适应不同教育对象。

美国丹佛艺术博物馆观众参与项目

博物馆是社会发展到一定阶段的产物，是社会文明进步的标志，是促进文化事业健康发展必不可少的组成部分。将博物馆纳入国民教育体系，是建设学习型社会的必然要求。博物馆应是加强社会教育的积极力量，努力发挥博物馆教育资源的独特优势，推动博物馆与学校教育、社会教育的紧密结合，组成更加健全的社会教育网络，有利于普及博物馆文化，提高全民文明素质。同时，博物馆应是促进社会发展的积极力量。博物馆应以“为社会及其发展服务”为宗旨，更多地参与到社会发展的进程之中，不断满足广大民众日益增长的精神文化需要，促进人的全面发展。这既是公共文化机构的本质特征，也是实现公民文化权利和文化福利的重要内容。

观众从走进博物馆的时刻起，大量的文化信息就会扑面而来。“所谓博物馆学习，是观众以自己现有的知识、技能、态度等心理结构为基础，通过与博物馆进行的双向的相互作用来形成、充实或调整自己的知识、技能和态度的过程，而这种变化会对观众个体以及在相关情境中的活动的水平和方式产生影响。博物馆观众经由实物展品、辅助展品、说明文字、视听材料和其他相关活动等一系列的要素所激发的刺激反应，从而出现在认知、技能、情意诸方面出现的相应变化”①。对于博物馆来说，只要观众在博物馆学习中感到快乐，感到满足，那么博物馆实际上就已经达到了目的。

在博物馆中，观众在原有知识储备的基础上，动员各种感官，进行有选择的学习，并运用自己熟悉的语言、概念进行理解和分析，将新的知识与已有的知识联系起来，纳入自身知识结构之中。对于博物馆观众来说，学习的动力来自于自我兴趣，学习的目的来自于自我激励，学习的深度来自于自我探索。没有人对博物馆学习效果进行考核与评价，观众之间也不具有竞争关系。同时，博物馆也是一个学习交流的环境，观众既可以浏览式地参观，也可以对自己感兴趣的陈列展示内容进行深入研究；既可以自己探索发现，也可以寻求讲解人员的帮助，在轻松的环境中完成文化信息的接受与传播，没有任何压力。

陈列展览是博物馆发挥教育职能最直接也是最关键的途径，而我国大多数博物馆对于陈列展览的理解还停留在“单向灌输”的层面上，对于进入博物馆的参观者，主要的手段就是展示文物藏品，提供简单的文字解说或者人工讲解。这种消极的接待方式影响了文物展品信息传播的深度和广度，也折射出博物馆对于公众教育的懈怠态度，而这些最终都会损害博物馆观众的文化权益。今天，博物馆应该主要通过为观众自我学习提供服务而实现其教育职能，这一

---

① 李胜男:《人本主义心理学与博物馆教育功能探析》，载《博物馆研究》，2010（3），31页。

观念的提出要求博物馆树立起一种积极互动、启发引导式的教育理念，而这也正我国博物馆教育工作较为薄弱的环节。

北京中国科技馆陈列设施

2010年完成的“国家一级博物馆运行评估报告”表明，尽管国家一级博物馆在公共关系与服务领域做了大量工作，获得了社会的积极响应，但在公共关系和观众服务方面的得分率都仅略高于60%，低于其他方面的得分率[①]。 国家一级博物馆尚且如此，其他各类博物馆的公共服务能力状况显然不容乐观。近年来，社会各界对于一些文化单位动辄花费几百万、几千万，甚至上亿元制作一部电影，排练一台节目，举办一场活动，但是未能产生应有效果和反响，结果造成“评奖是最终目的，仓库是最终归宿”的现象，令人十分反感。但是，目前在博物馆领域，或多或少也存在这种情况，一项投入经费很大的陈列展览，结果观众参观并不踊跃，参观者反映并不

① 中国博物馆协会:《国家一级博物馆运行评估报告》，载《中国文物报》，2011-06-22(3)。

强烈，或者观众收获知识不多，参观质量不高。

从整体上看，今天博物馆仍然是比较封闭的机构，难以真正实现与社会的有效互动，与开放、共享的时代潮流不相适应。“更有一些博物馆由于无力开展活动，无法履行职责，仅靠严格的上下班制度来树立社会形象。有志者，上班读书、看报，或写写东西；无志者，上班喝茶、聊天。在民众的眼中，这些博物馆不是公共文化场所，而是更像一个人浮于事的‘机关’。以上现象表明基层博物馆在发展方面存在许多问题。”① 面对博物馆社会地位的急剧变化，公众参与的迅速扩张，博物馆对于自身的社会角色、文化价值和时代使命需要重新认识。

今天，博物馆必须在服务理念、服务内容、服务方式、服务手段、服务制度、服务载体、服务态度等方面积极进行探究、创新和实践。博物馆是面向社会的文化窗口，博物馆全体员工的知识水平、文化素养、精神面貌，代表着博物馆的社会形象和文化品位。博物馆员工首先要具备优良的道德素质，培养高尚的品质和责任感，热爱博物馆事业、热爱本职工作。其次要了解博物馆的工作内容，熟悉文物藏品的文化意义，掌握专业技能。第三要具备一定的专业知识，不仅需要掌握历史、考古、自然、文化艺术知识，而且了解社会学、教育学、心理学、语言学、美学、文学、公共关系学等相关学科的一般知识。

博物馆形象体现在员工的身上，在博物馆开放过程中，员工素质的好坏，直接影响着博物馆公众服务质量与服务水平。博物馆员工的态度、语言和举止，代表的不仅仅是个人修养，更体现着博物馆精神。例如博物馆展厅的安全保卫人员，平时站立于值班区域不

① 凌振荣：《张謇博物馆思想的特点》，载《博物馆研究》，2010（3），3页。

影响观众视线和行动的位置，不聚众聊天、不随意走动，遇到观众提问耐心作答，对于观众的违规行为及时制止；博物馆讲解人员，上岗时统一着装，配带标志，语言文明，举止大方，熟知馆内文物展品，精心准备讲解材料，根据观众的具体情况，做有针对性的讲解；博物馆行政人员，经常深入各部门了解工作状况，提出改进工作意见，经常深入社会，了解观众的文化需求，同时，经常性地到其他博物馆进行调研，取其所长，不断提高博物馆的办馆理念和办馆能力。

首都博物馆

观众不仅是接受博物馆文化的对象，而且还是博物馆活动的积极参与者，是客观评价和检验博物馆各项工作及其效果的主人翁。人们在博物馆学到知识，获得信息，享受文化，这些体验对于观众的满意度将带来正面的影响。而观众在参观过程中，长时间站立行走会觉得身体劳累，长时间观看展览会导致精神疲劳。博物馆的展览区域越大，总的停留时间越长，观众的疲劳感越强。疲劳感的积累，又会导致注意力降低，促使观众中途停止参观的主要原因正是疲劳感。麦尔登报告指出，当在博物馆停留时间延长时，参观者停留频率与每个展品所花时间逐渐形成反比①。

博物馆应通过温暖、温馨、温情的优质服务减少每一位观众的疲劳感。观众正是通过博物馆员工的服务水平，形成对博物馆的整体印象。尽管观众的意见和建议不尽相同，但是他们的正当要求和愿望，往往代表社会舆论，特别是真诚的批评与建议更是改进博物馆工作的重要依据。博物馆应吸收先进的管理经验和服务模式，实施首问负责、温馨提醒、咨询辅导、参观引导、提供资料、全天候讲解服务制度；博物馆应在参观接待，以及特殊群体个性化接待等方面实行规范化服务；博物馆应实行阳光办馆，切实保障观众的知情权、参与权、表达权和监督权，维护观众的合法权益；博物馆应建立和完善以观众满意度为主要内容的考核评价体系，真正做到公平、公正、公开。

近年来，西方一些博物馆出现破产现象，其原因被归咎于不能为社会公众和社区服务，是在“浪费纳税人的钱”。这也为世界各地的博物馆敲响了警钟。使人们认识到，“为社会和社会发展服务”不再是一句口号，而必须付诸行动。正如苏东海先生所说，“这就把博物馆的观众工作推到了一个前所未有的重要位置上来，观众工作的好坏将会关系到博物馆的命运”，“能否重视外化前沿的观众工作，将是衡量博物馆领导是否具有现代意识的试金石”。博物馆社会职

① 周晓庆:《博物馆物理环境及其对参观者满意度的影响》，载《中国博物馆》，2008(4)，84页。

能的调整与完善，使博物馆回归到服务社会发展的目标上来。

国际博物馆协会前主席 A.S. 康明斯 (A.S.Cummins) 指出，“我们生活在一个非同寻常的快速变革的时代”，“我们必须重新思考博物馆和博物馆人的角色应该是什么，超越博物馆是保存藏品的机构，和博物馆人是藏品保存者、保护者和研究者的概念”。她强调，博物馆应“坚决为公众服务，认真关注社会和文化变革，帮助我们在一个不断变化的世界里呈现我们的身份和多样性”。美国博物馆协会在解释博物馆定义时，将“教育”和“为公众服务”并列为博物馆的两大核心要素之一，并强调“教育已经成为博物馆服务的基石”。非常明确地把“公共服务”置于当代博物馆体现存在价值的最核心与最前沿的位置。

“为社会和社会发展服务”，就是不断提高全社会的文明素养，不断增进社会公众的自由和幸福。“为社会和社会发展服务”在博物馆服务中的体现，则是以观众为本位，以观众为前提，以观众为目的，以观众为尺度。坚持以人为本的服务理念，贴近生活，贴近实际，贴近民众，向社会公众提供多种多样的博物馆文化，不仅反映博物馆的工作重心，也是顺应世界博物馆发展的趋势和潮流。博物馆作为社会大众的公共文化教育机构，既承载着历史文化的深刻内涵，又体现着鲜明的时代精神，在其众多的社会价值中，最重要、最根本的是对观众的尊重，对观众的服务。

博物馆作为一个典藏和展示文物的场所，是联结过去、现在和未来的文化纽带，是透视一个城市文明发展的窗口。博物馆的功能随着社会的发展而不断延伸和完善，博物馆文化的每一次进步和变革，都将丰富和提升城市生活的文化含量。现代意义上的博物馆在社会职能方面发生了巨大而深刻的变革，博物馆不仅是具有收藏、研究、展示、教育的机构，而且逐渐发展成为一个多功能的社会公共文化设施，更加关注社会大众精神文化需求。因此，博物馆的开放接待日益重要，思想观念和相关管理也必须与时俱进。

以往社会公众对博物馆的印象是抽象的、模糊的、概念化的，在加强社会服务之后，博物馆呈现出具体的、清晰的、内容与形式有机融合的形象。博物馆的陈列展览既然是为社会公众而举办，就要贴近社会公众，吸引社会公众。近年来，一方面，我国经济迅速发展，财政收入大幅增加，政府有能力建立完善的公共文化服务体系，同时，随着民众生活水平的提高，对公共文化的需求也逐步增加。另一方面，当今社会“信息爆炸”、生活节奏加快、心理压力增大、人际关系疏远。因此，博物馆的社会教育功能大有可为，力争使广大民众通过接受博物馆文化，敬畏历史、重视文脉、关心社会。

在科学技术日新月异、新思维和新观念层出不穷的时代，人们的生存环境、思维方式乃至生活条件正在以始料不及的速度发生着深刻的变革，只有善于学习、吸收和创新才能发展和进步。美国博物馆协会首席执行官 E.H. 埃博（E.H. Able）认为：“博物馆第一重要的是教育，事实上教育已经成为博物馆服务的基石。”① 实践证明，博物馆相关教育凭借其内容独特、形式多样、过程全面、成本较低、效果直观，以及教育背景可与时代主题相结合等诸多独具特色、不可替代的优势，可以全面、有效地完善国民教育体系，让每一个人都可以终生享受到博物馆文化的陪伴与熏陶。博物馆教育通过为观众自主学习提供服务，从观众需求出发，积极创造学习的氛围和互动、对话的条件，使观众主动参与博物馆教育传播的过程。

① 张健：《我国博物馆管理体制问题与对策建议》，载《中国国际友谊》，第七卷，2010，非正式出版物。

信息时代的到来，各种形式的文化娱乐方式都与博物馆争夺观众。一些博物馆过分强调休闲观光的功能，而忽略了其教育功能，追求展览的高度娱乐性并以此招徕观众，却很少考虑观众在文化教育方面的受益。“博物馆应该具有娱乐功能，但是博物馆决不是娱乐场所，正如幼儿园让儿童快乐度过每一天是其天职，但幼儿园决不是娱乐机构一样。即使博物馆的传播功能可以称之为‘交流’，至少在社会发展的现阶段，称其为社会教育机构更为恰当，因为这样才能规范博物馆的传播和服务方式，也更有利于社会大众利用博物馆。”[①]

美国芝加哥艺术博物馆馆舍环境

在美国，芝加哥艺术博物馆教育部负责人认为，该馆除了拥有重要的文物收藏，更引以为骄傲的是可以为五岁儿童到博士学位设计艺术史课程。美国史密森学会亚洲艺术院经常面向一般公众和学生举办与亚洲有关的演讲、音乐、书法、茶艺等活动，每年与有关

① 陈建明：《虚拟的场景 真实的遗产》，载《中国博物馆》，2008（3），16页。

教师座谈6次，听取意见和建议，并邀请其参与编写教育材料，重视配合展览举办拓展活动。例如，在2002年举办关于中国明清祖先画像的展览之前，博物馆组织了17名亚裔高中学生用10个月时间走访不同的亚裔家庭，调查其祭祀祖先的内容、形式及演变，并在展览开幕时将调查结果同时展示。

在我国，河南博物院根据青少年群体的认知特点，以“奇妙的博物馆之旅”为主题，通过举办学术报告会、精品文物摄影、印制中小学生参观知识答卷、展厅现场作画、专家讲解等多种互动形式，寓教于乐，培养青少年的学习兴趣。同时，河南博物院以“牵手博物馆、文化进校园”为主题，先后组织“爱国主义宣讲团”“志愿者服务团”深入大中小学校开展爱国主义和文化知识宣讲活动。宣讲内容突出思想内涵，弘扬以爱国主义为核心的民族精神和以改革创新为核心的时代精神，让青少年加深对民族、地域历史文化和自然环境等方面的了解、理解和尊重。

2007年国际博物馆协会博物馆定义将“教育”调整到博物馆业务目的首位，同时人们注意到，博物馆定义在表述时，将“教育”作为“征集、保护、研究、传播、展出”等项博物馆基本业务的共同目的，也就是说，博物馆各项业务活动都应贯彻“教育”的目的[①]。作为国家社会教育体系的一部分，现代博物馆破除了知识的等级，成为家庭与课堂教育的延伸，提供更加全面、优质的博物馆服务，帮助启迪民智，塑造身份认同。马克思在哲学、政治经济学、文学等方面所取得的辉煌成就，不能不归功于他在大英博物馆的学习，是博物馆培养了这位举世罕见的思想巨匠。同样伽利略、爱因斯坦、达尔文等，几乎所有的科学家，都离不开博物馆对他们的哺育。

---

① 陈建明：《虚拟的场景 真实的遗产》，载《中国博物馆》，2008（3），16页。

博物馆被称为是离真理最近的地方，因为博物馆传播与展示的是人类和人类环境的“物证”，所以，具有客观和真实的特点。英国博物馆界普遍认为，博物馆与观众的关系不应该是施教者与受教者的关系，而应该是一种平等互动的关系。在这种理论和观点的影响下，许多英国博物馆向激发观众学习兴趣，引导观众进行学习的角色转换，即博物馆功能由教育向学习转变。为此，大英博物馆将教育部改名学习部。事实上，博物馆在英国被视为最重要的教育机构之一。“博物馆如今已经取代教堂在英国社会的地位，成为绝大多数人一生中最重要的文化体验。”①

香港展城馆

社会教育是博物馆履行社会服务功能的重要方式和手段，直接面向公众，承担社会责任。在正常情况下，从小学到大学毕业，只有 16 年左右时间，即使有机会攻读研究生课程，也不过

① 纪双城：《向国外博物馆同行学“竞争”》，载《环球时报》，2011-04-22（13）。

再加上数年，也就是还有数倍于学校教育的时间要靠自我学习，人们获得的大部分知识必然来自于社会教育。因此，博物馆就像一座综合型的“社会大学”。博物馆教育有着多种多样的传播形式，包括围绕文物藏品和陈列展览开展的讲解、演示、出版，以及咨询服务、演出、教学、讲座、学术研讨、专题鉴赏、座谈、家庭日活动、手工作坊、夏令营、知识竞赛、博物馆之友、电子网络服务等。

博物馆教育活动能够得以组织和实施的更为重要的前提是，在博物馆的内设机构和编制中，有能充分体现教育功能的专职机构，有开展社会教育的专业人员。博物馆教育的服务对象是全社会的广大成员。不同的服务对象，其教育活动的设计也应有所不同。博物馆教育从服务对象的年龄构成来看，有未成年人教育和成人教育；从服务对象的组合形式来看，有个体式教育、家庭式教育和团队式教育；从服务的区域来看，有馆内教育和馆外教育。因此，博物馆教育活动的开展不能也无法仅仅依靠自身的力量，需在自有资源的基础上，对外部资源进行整合，主动与学校、家庭、社区、企业等机构开展合作，形成新型的教育合作模式，实现互动、立体的教育服务系统。

为了满足博物馆观众多元化、多层次的需求，推动博物馆以实现教育功能最大化为目标，博物馆应该依托馆藏资源和自身特点，适应观众多元化需要和深度欣赏的要求，开展一系列展览延伸和拓展教育活动，例如根据自身业务工作性质、特点，配合陈列展览，举办面向社会公众的专题讲座，或者以博物馆的研究成果为主要内容，举办面向高等院校、科研院所的学术论坛。在博物馆的教育项目中，中小学教育项目应该受到特别关注。中小学教育项目是指针对中小学生开展具有创新性、互动性的校外教育项目，青少年在博物馆观众中占有一定比例，因此中小学教育项目的效果，是博物馆社会教育功能实现程度的重要标志。

在当今世界各国的博物馆实践中，社会教育作为重要社会诉求得到空前重视和充分彰显，其中青少年教育依然是博物馆服务的核心内容之一。参观博物馆历来是英国中小学教育的一个重要环节。在伦敦的大小博物馆、艺术画廊里，人们可以经常看到学校组织中小学生到这里参观，或是在展厅里举办文化、历史、艺术等方面课程。在大英博物馆里常常会看到老师带领学生置身其中，或参观，或临摹，或动手仿制展品。据统计，每年以班组为单位参观大英博物馆的儿童和中小学生将近 20 万人次。

柏林国家博物馆总馆长 M. 艾森豪尔（M.Eissenhauer）说："在博物馆，一个孩子可以观察、探索一个近在眼前的实物展品。而这些知识通常只能以理论的形式出现在学校的课本里。从这一角度来说，走进博物馆是补充知识的最佳途径。2010 年，柏林国家博物馆就接待了 34 万多名学生。"① 在我国，杭州市共有 71 座博物馆承担着举办适合青少年成长需要的"第二课堂"的重任，中小学生每人每学年必须参加 6 次以上"第二课堂"活动。市财政每年安排专项资金兑付学生参观博物馆的"教育券"，这笔资金也是博物馆的发展资金。但是，中小学生对于将自己手中的教育券使用在哪座博物馆，有自己的选择权，这一措施对这些博物馆来说，形成了平等竞争机制②。

① 纪双城：《向国外博物馆同行学"竞争"》，载《环球时报》，2011-04-22（13）。
② 杨雪梅：《打造国民教育的第二课堂》，载《人民日报》，2011-02-18（19）。

德国柏林国家博物馆老馆广场

博物馆的“教育项目”还应包括家庭教育项目、社区教育项目、教师培训项目，以及其他教育项目。家庭教育项目是指针对家庭观众，特别是家庭中的儿童观众设计的包括知识导入、作品导赏、自主创作等环节的教育项目，是博物馆根据社会发展变化，以家庭为博物馆教育组合对象，履行社会教育职能的重要形式；社区教育项目是根据社区、学校、企业等需求组织的教育项目；教师培训项目是指结合中小学有关课程的教学内容，对教师进行辅导，使之增加文物标本知识，并结合博物馆特点制定相应的教学方法，加强学校教育与博物馆教育的重要环节；其他教育项目是指除上述教育项目之外的其他教育项目，例如针对特殊需求的社会教育项目。

在美国，博物馆公共教育的理念由来已久。早在 1880 年，美国学者詹金斯便在其《博物馆之功能》一书中明确指出：博物馆应成为普通人的教育场所。美国博物馆格外重视展览的延伸和拓展教育。据统计，美国 88% 的博物馆为幼儿园至高中的学生提供教育项目，每年至少有 5000 万学生参加这个项目。博物馆每年用于学生教育项目的开支多达 1.93 亿美元，教育时间至少 400 万小时，70% 的博物馆专门有人负责教育项目[①]。 大都会艺术博物馆教育部每年为观众举办的教育活动场次都达到 2 万场。对此，博物馆每年都有非常全面的数据统计，为其制订工作计划提供基本依据。

大都会艺术博物馆的教育活动范围广泛，学术讲座、音乐会、电影、团体参观、聚会讨论、参观讲解等都被视为教育活动，从而构建一个全面的教育活动体系。此外，在不同人群、举办活动的不同地点，以及活动开展的不同形式等方面都有详细的数据记录，以便于开展不同类型教育活动和不同年度教育活动的比较与评估。在实践中，大都会艺术博物馆认识到，今天的博物馆教育，不再是博物馆讲解员、博物馆教育部这种单一人员、单一部门能够做好的工作。只有将网络资源、电教资源、媒介媒体和教育管理人才等多种资源综合利用，构建一个博物馆大教育体系，才是当前博物馆教育工作快速发展的前提[②]。

大都会艺术博物馆对外宣称，“从 1870 年大都会博物馆创建以来，教育一直是我们的基本使命”。在这一使命下，博物馆承诺向所有人提供服务，从资深的艺术学者，到从未涉足艺术博物馆的人士；从带着儿童的年轻家庭，到独立探索视觉艺术的青少年；从沉浸于学校功课的学生，到正在寻求引入艺术课程的老师。在这样一种把教育作为博物馆基本使命，将教育界定为向所有人服务的理念下，大都会艺术博物馆的教育工作有着广泛的发展空间。基本上每位博物馆员工都负有教育使命，社会公众都可以享受博物馆的教育资源。

① 张和清:《美国博物馆业概览》，见《中国国际友谊》，第七卷，141 页，2010。
② 果美侠:《大都会艺术博物馆教育工作述评》，载《中原文物》，2011（2），95 页。

美国纽约大都会博物馆

今天，博物馆正在融入新时代社会发展大潮，时代要求博物馆的文化遗产资源，转化为社会教育资源，发挥博物馆独特的文化作用，满足不同知识层次、不同文化背景观众的多样化需求。人类具有学习的自然倾向，获取知识是人类与生俱来的需求。博物馆发挥教育功能，应强调以观众为中心，激发观众高层次的学习动机，从而使观众能够自己教育自己。今天，越来越多的博物馆观众，将参观博物馆视为一种自发的、有目的、有选择的学习过程。因此，博物馆应努力使观众能够在相当大的范围内，自行选择学习角度和材料，自行安排适合自己的学习情境，提出自己的学习问题，确定自己的学习进程，并评价自己的学习效果。

新时期博物馆是人们平等交流、享受学习、探索发现、充满想象的地方。为此，博物馆应努力挖掘观众在学习能力方面的内在潜能，研究如何为这些观众创造良好的学习环境，让他们能够在真实的情境中实现体验性学习，使观众的学习潜能得以充分发挥，将认知与情感结合在一起，从自己的角度认知陈列展览，实现对文物展品的深刻理解，达到自我实现的境界。博物馆通过引导观众自由讨论，鼓励观众研究展品，安排观众实际操作，使观众获得更多知识，激发新的创意灵感。同时，博物馆的陈列展览应努力揭示文物展品中对人类进步、社会发展具有普遍意义的内容。

文物藏品是历史的真实遗存，文物展品则是历史的文化再现，他们既是历史的承载，更是未来的希望。必须明确，博物馆为社会公众提供寻找记忆的空间和平台，并不是为了让人们沉溺于记忆之中，而是为了在继承中更好地创造新的生活。因此正确把握和实践博物馆的记忆作用，对于发挥博物馆的功能作用十分重要。在记忆中注入博物馆文化，使博物馆获得了与社会公众联系的桥梁，拉近了博物馆与社会公众的距离，丰富了人们对于博物馆文化内涵的理解，深化了人们对博物馆在当代社会发展中作用的认识。博物馆应将辅助观众获得和保存有助于其发展的记忆作为重要的任务和责任，应为观众理解和记忆特定历史、文化信息而构建适宜的环境。

博物馆要以未来发展为导向，以人类的创造历程为基础，丰富当代人的记忆，帮助观众在博物馆活动中获得新的更加鲜活记忆，强化人们的实践能力和创造能力，有助于人们分析问题和寻求解决办法，支持人们在未来世界中创造幸福生活的信心。因此，博物馆应组织开展使社会公众愉悦身心、陶冶情操、探索历史、增长知识的文化传播活动，实现记忆的传承与交流，使拥有丰富记忆的社会民众将各自的珍贵记忆，转变为具有普遍适用价值的文化财富，通过社会成员的现身表达和再现记忆形成的过程，使更多的社会公众从中受益，发挥记忆在包容文化差异、协调各种关系、缓解各类矛盾、促进社会和谐等方面得天独厚的优势。

从服务“观众”到服务“公众”——博物馆社会服务理念的提升[①]

（2013年12月）

新的形势下，博物馆发展越来越注重人的因素，强调“以人为本”，强调主体的参与性，强调“为社会及社会发展服务”等理念，这些都使博物馆走出传统模式，融入到现代社会结构中来。今天人们认识到“物”不是博物馆的一切，博物馆对“人”的发现，是服务社会理念的进步。但是，一直以来，博物馆对“人”的关注，更多地表现为对前来博物馆观众的关注，如今应该更加提倡博物馆对社会公众的关注，实际上就是要求博物馆更加广泛地实现对“人”的关注。

以往的博物馆教育服务，都是从观众走进博物馆之后才开始的，实际上这种认识并不全面。今天，只有先让更多的社会公众走进博物馆，然后才谈得上如何提高全民的文化遗产保护和博物馆文化意识。因此，博物馆应在社会服务观念上实现质的飞跃。首先是将“观众意识”拓展为“公众意识”，即不只对观众加以重视，还应将所有社会公众作为博物馆的潜在对象进行有针对性的、系统的了解和研究。社会公众泛指社会中的每一个自然人。一般将那些参观过博物馆的公众称为博物馆观众，未到过博物馆的公众称为博物馆“潜在的观众”。

---

① 此文发表于《首都博物馆论丛·2013》，首都博物馆编，北京，北京燕山出版社，2013年。

博物馆藏品的公共财富性质，决定了博物馆在社会服务方面的义务，博物馆作为这些文化财富的授权保管者，就应将这些文物藏品用于有益人类进步、社会公平等方面的责任。只有深刻理解博物馆公共性的核心价值，才能自觉意识到任何一座博物馆都是公众共同享有的文化资产，这是博物馆必须确立的基本观念。博物馆员工，从管理者到普通员工，都是受国家、团体或公民委托，遵照国家、团体、公民的意愿管理博物馆的，基本的目标是促使博物馆公益性核心价值的最大化实现。

故宫博物院电子标识

实际上，相当数量的观众进入博物馆之前，对于博物馆的认知十分有限，不少观众并不知道博物馆展览什么、自己如何参观，“常常是懵懵懂懂地来，迷迷糊糊地走”，抓不住展览的主题和精髓，导致对博物馆的存在价值作出不明确，甚至是错误的判断，从而逐渐失去对博物馆的兴趣，因此，造成博物馆距离民众日常生活遥远而生疏，可有可无。一生从未走进过博物馆的大有人在。应加强观众调查与研究，摸清潜在观众情况，分析了解公众不愿意走进博物馆的原因，并据此调整和完善博物馆自身服务水平和能力，从而吸引更多的观众走进博物馆，

法国卢浮宫博物馆每天都面临着“人满为患”带来的种种问题，馆长代表 C. 吉乐 (C.Guillou) 表示，“博物馆不该因为人多而变得不再好客，恰恰相反，它应该更多地关注那些由于社会、经济、文化和身体原因没有机会进入博物馆的‘弱势人群’”。于是，卢浮宫博物馆开始培训大批教师、导游成为“参观推荐人”，并且研发了一种多媒体语音导游器，可以为孩子、盲人和聋哑人等提供各种主题的参观讲解①。 南京博物院关注弱势群体，重视残疾学生的文化享受愿望，每年都开展“让残疾孩子感受祖国历史文化脉络”主题活动，组织盲校的学生们开展互动活动，在让残疾学生了解祖国优秀文化传统同时，也把博物馆关爱送给他们。

美国学者阿瑟 · C. 丹托博士有过“博物馆与饥渴的大众”的命题，他认为“窗户大门向优雅、饥渴的成千上万大众敞开，最高级的知识将大放异彩，恩泽大地”。他甚至认为“博物馆是幸福生活的一个样板”。尽管不是每一个人都抱着受教育的心态前往博物馆，但是只要在充满文化氛围的博物馆展厅里流连，在丰富多彩的文物展品面前驻留，就必然会受到感动和熏陶，这一过程本身，就是一种潜在与无声的学习和欣赏，就一定会得到清新、安静和美好的享受，就会获得一种轻松愉快的休憩，而其满足和幸福的感受和情绪就会慢慢地生长②。

---

① 李将辉：《免费开放之后的“超负荷”难题》，载《人民政协报》，2009-05-07（C1）。
② 向荣高：《博物馆增进幸福感》，载《中国文物报》，2011-07-06（3）。

博物馆免费开放是以公众参与作为公共政策选择的出发点，实现社会教育资源的有效整合，目的就是提高博物馆公共文化资源的使用效率。美国大都会博物馆亚洲部主任何慕文认为“博物馆面临的一大挑战是发展博物馆之外的活动。激励人的手与激励其眼、其心一样重要。尤其对青少年，动手做是最好的学习方式”[①]。在美国，70%以上的博物馆在过去5年中增加了对在校师生的服务项目。例如芝加哥艺术博物馆就将教育活动分为家庭教育项目（从幼儿园到12岁）、成人教育项目、教师项目、学生项目和阐释性媒体项目。

在我国，全国各地免费开放的博物馆，成为众多中小学生的文化盛宴。上海博物馆就为青少年学生观众准备了丰富多彩的暑假活动，拓展与深化博物馆的社会教育和服务功能，使之更加多样，更加鲜活。例如趣味墨拓、修复“唐三彩”、扎染、印刻生肖、学画京剧脸谱、手工宣纸、木活字印刷、水印信笺等，通过这些活动，使学生观众对中华民族的传统文化产生浓厚的兴趣，对身为中华民族的子孙感到无比自豪，也使博物馆达到预期的教育目的。近年来，不少博物馆积极调动青少年观众的主观能动性，创立了小小讲解员制度，由青少年自己为同龄人做讲解。还有一些博物馆举办亲子共同参与的动手活动，通过这些活动使亲子关系更加密切、更加和谐。

河南博物院的“历史教室系列活动”，是集历史教学、文物保护、实验观摩等活动为一体的综合性观众参与、互动和文化体验空间。以博物馆专家学者为主体，每周在历史教室举办科普讲堂，组织开展《中国古代建筑探秘》《文化遗产在我身边》等主题活动，观众场场爆满。结合精品展览和民族传统节日开展制年画、拼斗拱、剪窗花、做灯笼、泥条盘筑、五彩粽子等十多种手工活动，引起青

① 楼锡祜：《动手做是最好的学习方式》，载《中国文物报》，2010-08-04（4）。

少年观众的兴趣。同时，开设文物保护技术观摩室，让公众能够亲身感受和体验过去显得较为神秘的文物病害分辨和科技保护修复过程，并与文物保护专家进行面对面交流，既很好地普及了文物保护技术知识，又很好地唤醒了社会公众对传统文化、地域文化的记忆。

河南博物院陈列展览说明

目前越来越多的博物馆注重设计形式多样，且适合青少年的教育项目。在法国格拉斯国际香水博物馆里，有专门的工作人员负责与学校建立固定的联系，并且负责接待学生。在到达博物馆以后，学生们会有充分的自由，自己动手体验香水制作的每一个过程，进一步直观地感受过去学习到的有关香水的知识与文化，最后他们可以将学习成果，各式各样的香水带回家，送给他们的父母和家人。在中国科技馆新馆里，儿童们可以直接与藏品进行接触，动手制作各种工艺品、进行绘画等。其中在“科学乐园”的展厅的“欢乐农庄”内，儿童可以挤牛奶、收苹果、拔萝卜，体现动手操作的快乐。

在我国四川博物院，“小小讲解员”系列活动自2009年暑假开展以来，在广大中小学生、家长、学校当中建立了良好的口碑，截至2010年12月，现有小小讲解员共92人，已利用周末时间为观众无偿服务21508余小时。这项活动从自我介绍、普通话水平测试，以及才艺展示三部分，考察孩子们的综合素质，从中挑选出具备“小小讲解员”条件的优秀中小学生。凡选拔合格者均有机会在寒假期间接受为期一个月的培训，培训包括文物知识介绍、外在形体与礼仪、语言表达、讲解员基本素质、讲解技巧等全方位培训。培训结束并通过考核者最终获得“四川博物院小小讲解员”荣誉称号，并有机会参与各类社会教育活动[①]。

上海博物馆在社区内成立了博物馆之友和文物收藏指导站，博物馆派业务人员授课、指导，帮助居民制作小型展览等；在对展览的宣传与推广上，设立服务热线，主动与媒体和广告部门建立合作伙伴关系，不失时机地寻找和营造亮点题材；展览的布局、柔光的点缀、艺术的衬托，使陈列展览极具品味；建立多元化的讲解体系，根据实际情况，制定包括定时讲解、预约讲解和机动讲解相结合的讲解服务制度；古代器乐的演奏、现代影视的演映，更增添了博物馆的活力和视觉效果。

湖南省博物馆在实施免费开放以后，组织起一支具有较高专业水准的讲解人员队伍，并在全国率先创造性地实行为每一批观众免费提供基本陈列全程讲解的参观模式。在工作人员的引导下，观众分成30人左右一组，以3到5分钟为间隔进入“马王堆汉墓陈列”

① 窦钰萱:《四川博物院“小小讲解员”选拔活动圆满成功》，载《中国文物报》，2011-01-28（2）。

展厅。每一组观众都由一名讲解员带领参观，并作长达1个小时的免费讲解。这种模式实效明显、操作性强，不仅有助于对观众进行有效引导和组织，确保有序的参观环境，更有助于帮助观众对于陈列展览作出正确的文化解读，从而在提升观众参观质量上发挥不可替代的作用。

每个博物馆都有最大参观容量问题，参观人数过多，就有可能因为拥挤等原因，发生人身安全和文物展品安全事故。因此，免费开放的博物馆应为观众提供更加细致、完善、高质的服务，通过增大宣传力度、延长开放时间、提高讲解质量、维护参观秩序、增加保洁力度，以及为观众提供更为便捷的特色服务，提供文物咨询、鉴定、培训等多样化服务，实施分时段发放参观券、增加预约渠道、增加引导说明、设置观众留言簿、开设网络论坛、为特殊人群开辟绿色通道等措施，改善观众参观环境质量，并使观众能够方便快捷地反馈他们对博物馆的意见与建议。

为确保观众激增后的参观秩序和观众、文物的安全，湖南省博物馆将参观环节设置为领票、候场、参观三个阶段，采取分时段领票、分批次入馆的观众组织方式；通过使用广播系统、电子显示屏、公告牌、宣传资料等引导观众参观；为老弱病残孕等特殊人群开辟绿色通道；为观众免费提供用水、简易急救药品及寄存服务；免费提供婴幼童车、轮椅、拐杖、雨伞；耐心细致地做好观众的解释与劝导工作，化解潜在矛盾。3年来，到湖南省博物馆免费参观的观众累计达到437万人次，观众的留言簿已有300余本，留言共计10万余条，对接待服务表示满意的留言占96%。

首都博物馆在新馆建设时充分考虑观众的各种需求。例如在场馆的入口处，设置自动寄存和人工寄存处，以方便观众寄存衣物，残疾人轮椅和童车的放置也满足特殊人群的参观需要，同时配有专业的咨询、导览人员为观众解答疑问。观众可以通过电话、网络等多种途径预订门票，并在入馆时感受到首都博物馆先进的售检票系统。进入礼仪大厅，观众可以乘坐自动扶梯、观光升降电梯、残障人电梯、无障碍通道到达各个展厅，展厅除有专业的讲解员进行讲解外，所有开放区域还配有先进的普通人使用的触摸屏 15 台、特殊人群使用的触摸屏 6 台，以满足不同需要的观众进行浏览、下载等互动式使用。

首都博物馆在馆内安装有磁卡式公用电话 18 部，其中残疾人电话 6 部，充分满足残疾人和普通人的通话需要。并为婴儿准备了育婴室、育婴台，且室内设施齐全，配有婴儿床、婴儿被、婴儿枕、婴儿褥和童车，满足育婴条件。同时，博物馆还提供雨伞以备天气突变给观众带来的不便。除基本服务以外，博物馆还提供多功能服务。多功能厅配备有六国语言的同声传译、无线上网、数字投影等设备，能够满足演出、会议等大型活动的需要；数字放映厅为全视角超宽银幕，可播放高清晰数字电影、数字立体电影；互动多媒体厅设有高配置计算机、高清晰数字播放设备及高保真耳机，提供丰富的音频、视频点播节目；礼仪大厅拼装舞台的设计为中小型文化演出提供场所。

当博物馆免费开放以后，出现众多观众在特定的时间内，聚集在博物馆有限区域内的情况，公众安全的隐患加剧。例如排队领票时的拥挤推搡、进入展厅后的争先恐后、使用电梯等公共服务设施时的意外情况，以及其他突发事件的影响，包括火警匪警、电路故障、突发疾病等，公共安全隐患对博物馆的现场控制和安全构成挑战，一旦处理不力，措施不到位，现场失控，将产生灾难性的后果。

例如德国西部鲁尔区杜伊斯堡市2010年7月24日发生的踩踏事故，造成19人死亡、342人受伤，其原因就是对该场地能够容纳的观众量没有把握，疏导不力，现场失控，最终酿成惨剧。

博物馆作为社会民众集中活动的公共场所，确保广大观众的人身安全是义不容辞的责任。因此，博物馆应完善公共安全设施，例如在参观人群聚集需要疏导时，语音广播系统的完好与否，对讲互联系统的正常与否，都与设施完善直接相关。同时，作为服务民众的公共场合，必要的医疗保障设施，例如急救包、残障人士轮椅等都十分重要。疏散提示牌是否齐全，是否安放到位，都与观众的安全疏散息息相关①。已经制定的安全方案或预案要经常演练，使博物馆的工作人员都熟悉处理紧急事态的程序，知道自己应处的位置，该承担的责任。

现代化的博物馆，不只是建筑的现代化，理念的现代化、管理的现代化、服务的现代化才是现代化博物馆的核心要素。一些有着几十年、甚至上百年历史的博物馆，由于保持着正确的文化理念和服务社会的精神，今天仍然是名符其实的现代化博物馆。博物馆形象是社会公众对博物馆的印象，优良的形象无疑是博物馆宝贵的无形资产。正如苏东海先生所指出："把服务的意义看得更重一些，更用心地去做，博物馆的价值才会真正得到实现。"博物馆的服务体系包括服务理念、服务人员、服务设施、服务措施。需要从细节问题出发，认真解决存在问题，提高博物馆服务的水平和质量，是博物馆不断获得发展的重要途径。

在"以人为本"理念越来越受到重视的时代，作为推崇人文精神的文化机构，那些显而易见的管理问题，足以对博物馆的形象构

① 钱承国：《公共安全：博物馆免费开放的新挑战》，载《中国文物报》，2010-12-15（7）。

成威胁。博物馆的开放接待能力反映了一座博物馆的管理水平和管理理念。博物馆提供高水平，令公众满意的服务，特别是在许多博物馆免费开放后，面临参观人数激增等众多问题的考验和检验。例如不少博物馆里，诸如“禁止喧哗”“禁止拍照”“闲人免进”之类的语句充斥着墙面，透过这些语句，观众读到的很可能是一个倨傲、冷漠、僵硬的博物馆，而不是人们设想的富有亲和力、开放、创新的博物馆。

今后，博物馆的服务设施将更趋多样化和具体化，社会教育设施、便民服务设施、文化休闲设施，以及良好的参观环境等将成为未来博物馆的主要建设与完善项目，完善的安全保障设施、弱势群体保障设施等基础设施将成为博物馆的必备设施。博物馆的内部环境和周边环境应以舒适、安逸、整洁、便利、环保为基础，以传统文化和地域文化为背景的人文与艺术互融的环境，将成为博物馆的重要标志。观众在博物馆进行参观，既费脑力又费体力，需要增加休息的设备和场所。博物馆周围设置与博物馆文化主题相关，能体现地域文化特色的广场、道路、绿地、花坛、雕塑、水池、亭阁等附属设施，营造一种静谧、舒朗的博物馆氛围。

在博物馆的环境中，观众对博物馆文化认识各有不同，因此博物馆提供的讲解服务应更加具有针对性，因人而异，力求讲解生动形象、通俗易懂，富于热情和亲和力。对于观众来说，博物馆不是历史的终点，而是未来的起点。人们希望在这里发现历史，探索未知，联系现实，印证结论，满怀信心走向未来。严建强先生认为，“我们向观众传播时所采取的理论或学术观点，不能完全根据自己的理解或主张，而应该是学术界公认的，具有稳定性和先进性的知识体系。在涉及学术争论时，应该选择最广泛、最具代表性的理论。在一些场合，也可以将不同的观点都予以介绍，由观众自己做出判断”[①]。

讲解是博物馆最基本的宣传教育工作形式，讲解也是博物馆与观众面对面思想感情交流的桥梁。现代教育中传播知识信息量越来越大，科学技术的含量越来越高，教育的途径越来越多样，更重要的是其传播方式不再是传统的教育者向被教育者的单向灌输，而是出现了双向交流、互动影响的新趋势。同时，讲解人员不能是高高在上的施教者、说教者，必须学会与观众对话、交流和互动，调动观众的参观兴趣，帮助更多的观众加深对历史文化的理解。尤其是针对无目的游览的观众，要消除他们对博物馆的陌生感，使其逐渐从中找到乐趣，得到收获。

智力开发是博物馆讲解追求的目标，实现这一目标，要求讲解人员不能仅仅依靠其他研究人员所提供的讲解大纲和支离破碎的信息，而自身应具有较高的文化素养和丰富的讲解实践，对博物馆的特色、陈列展览的主题、文物展品的内涵都应有深入的了解。面对讲解对象的多样性变化，讲解人员不可能像教师一样按照预先准备好的教学方案，为观众进行系统讲解，而是要面对观众突如其来的各种询问。针对多样化的诉求，需要敏锐的洞察力，及时发现观众的需求和愿望，及时调整固有的话语体系，改变传统的讲解特点，努力与社会公众的语汇对接起来、沟通起来、共鸣起来，避免与普通观众的认知习惯形成隔膜。

科技成果、文化信息的日新月异，要求讲解人员努力跟上时代步伐，在日常工作中有意识地强化自主学习，采取多种形式汲取更多的专业知识，并有兴趣地涉猎更广泛的非专业领域知识，学会对

① 严建强：《论博物馆的传播与学习》，载《东南文化》，2009（6），100页。

知识进行筛选、加工、整理，善于积累，使自己的自主学习能力、有效学习能力不断提高。博物馆的文物展品往往具有艺术价值，审美鉴赏是一项高雅活动，需要长期积累才能达到一定境界。通过提供优质的讲解服务，能够指导观众正确理解文物展品的文化内涵，是行之有效的博物馆文化普及方式，能在潜移默化中提升观众的艺术鉴赏能力和文化修养。

当代博物馆越来越重视为观众提供多元化、人性化的服务。面对城市的需要，观众的厚爱，博物馆应策划形式多样的活动，例如“家庭日”、夏令营、演讲比赛、征文、博物馆之友等，建立博物馆与观众的互动关系，激发广大民众参观博物馆的热情。韩国博物馆的一切工作都围绕文化休闲进行，以为人服务为目的。例如韩国的农业博物馆，展厅宽敞，实物、图片、辅助品相结合，特别是辅助陈列的人物、动物等形象逼真，亲切动人。而室外则有几百亩农田围绕馆舍，还设置了秋千、石碾等，观众可自由参与，真正与博物馆环境融为一体。

浙江省自然博物馆每年举办的中小学生大型书画比赛，已经成为该博物馆的一个品牌。中国丝绸博物馆的科普养蚕和手工制作活动，每年约有5000多中小学生参加。一些博物馆推出“每月一鉴”活动，在组织得当的民间收藏鉴赏活动中，观众参与热烈，通过活动既服务社会公众，又加强专业人员的交流合作，促进业务人员专业能力的提升，也扩大了文物征集信息源，成为一举多得的有益活动。一些城市或地区博物馆，通过联合举办陈列展览，联合开展博物馆文化活动，联合推出博物馆套票，联合印制博物馆宣传品等，提高社会公众对积淀深厚的中华文化的解读、记忆能力，共同扩大博物馆的社会影响，提高综合效益。

浙江省自然博物馆

在任何社会中，公共服务意识都应该被作为指引博物馆发展的目标，而得到尊重和强调。博物馆演变的历史已经表明，不同时代对于博物馆社会化职能有着不同的需求。博物馆如果希望永葆生机，就必须适应时代的需求，强化和拓展相应的社会化职能。考察今天国际一流的博物馆，无不将强化公共服务意识，满足观众文化需求放在首位，将服务观众视为博物馆工作目标的核心内容。目前，我国已有的博物馆社会服务还缺乏科学的规划，未找到既符合博物馆发展要求，又符合博物馆优势发挥的准确定位，尚未形成完善的公共服务体系。尤其是将博物馆资源利用，纳入国民教育体系服务于在校教育等，博物馆文化惠民的重要事项，还鲜有成功的典型案例，与国际先进博物馆的成功实践相比还有较大的差距。

近年来，随着社会和文化发展，社会公众的精神文化需求多层次、多方面、多样化的特点日益显现，审美情趣、欣赏习惯、评价标准等，都在悄然发生变化。现代博物馆是代表公众利益，并致力于为公众服务的公共机构，社会公众不仅是博物馆的服务对象，也是博物馆的生命所系。观众的需要应该是博物馆的第一需要，为社会公众的需要和利益服务，应该成为博物馆一切工作的出发点和归宿。因此，今天博物馆更应重新调整与社会公众的关系，在致力于服务社会的努力中，达到博物馆与社会公众之间的高度和谐。博物馆文化只有融入地域文化，才能代表社区文化。

近 10 年来，台湾博物馆的发展以地方中小型博物馆最为活跃，目前有 400 多座中小型博物馆分布在各县市乡镇地方或大都会商业区，占博物馆总数的 95%。特别是分布在 200 多个乡镇中的地方小型博物馆，虽然多数缺乏经费与编制内的专业人员，但是却正在努力耕耘，鼓励地方乡镇的居民保存自己的文化历史与宣扬地方特色，并积极与社区民众对话，例如成立名人纪念馆、古农具文物馆、眷村文化馆和工艺展示馆等。近年来，博物馆推动社区居民实施“文化资产守护网”计划，指导地方居民调查与搜集历史对象，鼓励社区居民利用地方中小型博物馆进行文化学习。在这些相关政策引导下，台湾的地方博物馆成为民众日常文化活动中心，推动博物馆文化与社区文化发展相结合①。

在新的历史时期，博物馆应该自觉地投身于时代潮流之中，充分发挥博物馆社会教育的功能，大力弘扬优秀传统文化。21 世纪的今天，电视、电脑早已主宰了人们的生活，公众获取信息的技术发展不断加快，人们可以从网络、多媒体电脑中得到比博物馆展览还要多的信息，博物馆的神秘与魅力日趋减少。同时，大众传播的广

① 陈国宁：《博物馆与社区的对话》，载《中国博物馆》，2008（3），46 页。

泛与信息的便捷，在不断地与博物馆争夺观众。人们有时会感到获取有关信息、掌握某种知识，似乎不去博物馆也可以获得。事实上无论时代怎样发展、信息传播怎样广阔，都无法取代博物馆这一独特的文化优势。博物馆丰富的文物藏品是其特有的文化资源。

作为特殊的社会文化机构，观众不进博物馆就不可能了解到人类社会的发展变化，不可能感受到文物展品实物的独特魅力，也不可能亲眼目睹人类祖先用智慧和才能创造出的文化瑰宝，更无法感受到博物馆高雅文化的心灵震撼。今天，我国的博物馆已经呈现出空前的发展趋势，以更加宽阔的胸怀拥抱社会公众。博物馆的文物藏品、人才资源，以及硬件设施等，也通过更加便利和易于理解的方式向公众开放。如此，博物馆才能真正为社会公众服务，博物馆在一个地区的作用才能真正凸显出来，才能使观众切实感到博物馆是思考、休闲和参与文化活动的理想场所，是陶冶情操、提升素质的地方。

博物馆工作者要与时俱进，不断更新知识，吸收先进理念，改进工作方法，特别要在服务观众、服务社会上下功夫。树立服务观众、服务社会的观念，就要求博物馆工作更周到、更平等、更亲和、更具人文关怀。现在提出贴近实际、贴近生活、贴近民众的要求，其中就蕴含着深刻的服务思想。不可否认，目前我国的多数民众还不是博物馆观众。就博物馆的观众成分而言，城市和乡村中的大多数劳动阶层，例如工人、农民、牧民等几乎从来没有进过博物馆，甚至不知道博物馆在什么地方，对他们的生活有什么意义。这是令人忧虑的文化现实。虽然这一问题最终解决还是要取决于社会经济条件的成熟，但是博物馆应当努力，尽到自己的职责。

伦敦艺术工会主席乔治·高德认为，“让一个工人了解艺术作品，可以使他变得举止高贵，富有自尊心，这对于维护社会的稳定，具有非同小可的作用。此外，还可以使他成为一个更好的工人，充满愉悦，超脱于自身的地位，达到灵魂净化和升华”。可见，博物馆在对外开放的同时，这些文物展品就已经与社会进行沟通、与人们进行对话，荡涤着人们心灵，震撼着人们灵魂。因此可以说文物的价值在任何时代都不过时[①]。 目前，各国博物馆都在面临比以往更为激烈的争取观众闲暇时间的竞争。博物馆未来的生存，依赖于将各个阶层、不同背景的观众吸引到他们认为值得参与，有助于提升他们生活质量的活动中来。

近年来世界博物馆发展趋于重视与社区互动。无论是当地居民参与展览策划，尊重少数族群文化观点，从事与各类艺术文化团体交流，还是提升文化产业开发，目的均为呈现文化多样性，提供给观众更丰富的活动内涵。这些都显示出博物馆参与社区事务的能量亟待开发，提示出博物馆参与社区发展的重要性。实际上，我国各类博物馆均处在社区之中，是社区的特定成员。社区民众的满意是对博物馆评价标准的基础。只有这样，博物馆策划出来的文化活动才有生命力，陈列展览才能达到预期效果，才能在社区民众的心目中达成信任与认同，才能在真正意义上实现博物馆对社会公众的服务承诺。

博物馆应该充分研究社会民众的文化需求、审美需求、服务需求。由于整个社会思想意识和道德建设的相对滞后和精神文明建设上的缺失，使人们的思想观念出现这样或那样的问题和困惑。对此，博物馆应依靠自身的努力，为转变社会风气贡献力量。例如在博物

① 王智丽:《传承历史文脉 敢为时代先锋——浅议博物馆在和谐社会文化建设中的作用》，载《中国纪念馆》，2011（1），56页。

馆工作中要主动向观众的情感靠拢，大力提倡换位思考，发掘和满足观众的潜在需求。在博物馆中针对部分观众一些不文明的行为，博物馆员工不应以“禁止”“严禁”“不许”等强制性语言加以阻止，甚至呵斥这些观众，而应通过人性化的语言、举止和文明服务，感染、引导观众养成一种文明的参观习惯。

免费开放使博物馆服务对象从观众拓展到公众，引起了全国博物馆界对改革发展思路的深刻思考，有力推动了博物馆管理体制和运行机制的改革，各地博物馆通过改革传统管理模式，建立健全规章制度，完善内部管理措施，做到了降低门槛但不降低服务标准和服务质量。实现免费开放的博物馆，立足本馆的资源、人才及设施设备的实际，以满足公众精神文化需求为目标，保证文物和观众安全为核心，改进管理服务为重点，合理控制观众流量为手段，充分发挥自身优势，采取多种有效措施，基本形成了保障安全、规范管理、控制人数、有序参观、提升展示、优化服务的良好运行格局。

特别是中小博物馆在国家财政专项补助资金的支持下，基础设施条件得到明显改观，安全防范能力得到显著增强，服务设施及内容得到显著充实，参观环境质量得到大幅提升，管理运行机制得到有效完善，陈列展览水平得到观众认可，博物馆各项业务工作呈现出全面发展的好势头。同时，全面免费开放促进了博物馆管理理念的转变，推动了管理措施的创新。例如，采取多种方式引进临时展览，有效调动和发挥博物馆志愿者的作用，将展厅安保和环境保洁等后勤服务委托社会专业机构提供，加强与教育、旅游部门以及社区的协作，把收入分配与岗位贡献紧密结合等。这些富于探索和尝试性的做法，反映了全面免费开放形势下博物馆体制机制创新力度在加大。

博物馆免费开放初期出现的“爆棚”现象，折射出社会公众对文化生活的渴求，也对新时期如何更好地保障广大民众基本文化权益提供了有益启示。免费开放是以公众参与作为公共政策选择的出发点，目的就是调动公众参与的积极性，从而提高博物馆作为公共文化资源的使用率。从这个高度看待博物馆免费开放，才能触及博物馆功能与职能的本质。免费开放为博物馆在更广阔的范围内，实施和完成社会职能，提供了难得的契机，极大地增强了博物馆的社会亲和力，有效地培育了社会公众的博物馆情结。因此，要充分发挥免费开放博物馆的作用，改善博物馆的服务，向更多的公众传递博物馆免费开放的信息，让更多的人走进博物馆。

今天，要让博物馆走向广大民众，让社会公众近距离、零障碍、低成本参观博物馆，这充分体现了我国政府保障公众文化权益的理念。提高民众文化服务水平，将博物馆免费开放，纳入公共文化服务体系建设，纳入经济社会发展规划，保障公共文化权益，降低文化门槛、关照文化民生，让广大民众参与到免费开放的博物馆文化快乐当中。博物馆自身要抓住免费开放这一机遇，建立博物馆新的社会形象，构建博物馆与社会各界的广泛联系，扩大博物馆的社会影响，让更多的人了解博物馆是重要的社会学习资源，有助于广大民众的自我发展和创造能力提升。

博物馆免费开放既是对博物馆服务的检验，也是对参观者文明素质的培养。良好的员工精神风貌、得体的礼仪举止，在观众群体中将产生率先垂范的作用，无论是讲解员，还是安全员、保洁员，观众均可从他们身上感受到博物馆的专业服务和高雅文化，对公众整体素质的提高、文明程度的提升，必然产生有益的影响。这种耳濡目染的良好氛围，能够使观众直观了解博物馆文化，从而自然而然地对自己的言行有所约束，潜移默化中带动整体素质的提高，有效避免不文明的现象发生。要根据博物馆条件和观众情况，正确处理好展厅容量与公众需求，参观效果与观众秩序等问题。

一些发达国家参观博物馆的人数往往与其总人口相当，甚至是其总人口的数倍，例如美国人均每年参观博物馆近 3 次。而在我国人均每年参观博物馆仅 0.3 次，而且少数国家级博物馆又占了参观人数的很大比例，例如故宫博物院的年观众量已超过 1500 万人次，占全国博物馆总观众人数的 2.5% 以上。我国博物馆事业发展始终存在不均衡的现象：一方面热点的博物馆车水马龙，另一方面是无特色的博物馆门庭冷落，因为公众喜欢有个性、特色和令人舒适的博物馆。个性和特色是博物馆社会影响力的灵魂，而博物馆的个性与特色必须建立在社会公众需求的基础上。

博物馆免费开放以后，虽然情况有所变化，博物馆的观众人数也有了大幅度增加，但是同时人们注意到，并不是所有的博物馆都取得了预期效果。虽然一些位于城市重点地段的大中型博物馆出现了前所未有的发展势头，诸如陈列展览、观众人数、服务活动等明显增加，不断刷新以往纪录，但是，一些陈列展览主题陈旧、服务能力较弱的小型博物馆，免费开放以后参观人数仍然较少，难以发挥应有作用①。 事实上，当前博物馆的观众已经与过去有所不同，其中最重要的变化是多元化趋势日益显现。不同年龄结构、不同的性别、不同的经济收入，不同的教育程度，不同地理位置，以及不同的生活方式的观众，在利用博物馆方式上，利用博物馆目的上，以及对博物馆需求呈现出多样性。

---

① 曹兵武：《中小博物馆的振兴》，见《博物馆观察——博物馆展示宣传与社会服务工作调查研究》，124 页，北京，学苑出版社，2005 年。

在我国首批免费开放的博物馆中，县级博物馆占62.5%。但是，由于受地方财力、思想理念、专业人才和管理模式等多种因素的制约，县级博物馆在文物藏品保护、陈列展览质量、社会服务水平等方面普遍存在不足。至于中西部的县级博物馆，办馆经费相当困难，能够保障博物馆员工的工资发放已实属不易，由此造成博物馆的陈列展览往往存在三个陈旧，即内容陈旧、形式陈旧、设备陈旧。然而这些县级博物馆是重要的农村社区博物馆，是保护民族民间文化遗产、传播地域文化特色的基层窗口，面对着广大的农村地区，做好宣传展示和社会服务，对于提高基层民众的科学文化素质，意义重大。

在我国的博物馆大家族中，县级博物馆既量大面广，又是弱势群体。为此，国家文物局于2005年启动了“全国县级博物馆展示服务水平提升项目试点”，提高县级博物馆整体素质，强化服务意识和管理水平，提升博物馆的形象和地位。县级博物馆的受众群体主要是当地民众，尤其是中小学生，陈列展览应着重定位于普及地方文化知识。同时，县级博物馆由于所在地域文化传统、审美需求，以及馆藏文物资源、馆舍条件、经费来源、人员构成等方面存在较大差异，应根据县级博物馆的不同特点，彰显文化特色，提升服务水平。

实践证明，实行公立博物馆向全社会免费开放，是以国家政策推动博物馆迅速融入现实生活和社会公众最有利、最有效的政策措施。免费开放政策更广泛更久远的意义在于国家博物馆政策的导向性力量。这一政策直接导致全社会高度关注博物馆事业，同时在实际工作中明显起到组织、号召、动员全社会重新认识博物馆文化价值，积极主动地参与博物馆建设。人们认识到，全国博物馆免费开放政策实质，是国家关注民生的重要体现。事实的确如此，博物馆免费开放政策实施以来，已经激发出各级政府、社会各界、广大民众对博物馆从未有过的热情，同时也给博物馆带来从未有过的压力与动力[①]。

湖北省博物馆前广场

① 李文儒:《博物馆：展示历史，更要参与历史创造》，载《人民日报》，2011-05-06（24）。

提升博物馆讲解服务质量的思考[①]

（2013 年 12 月）

英国博物馆教育专家 A. 霍普格林希尔（A.Hopegreenhill）认为，博物馆的教育是特指博物馆的讲解，以及为成年人和儿童开发的一系列教育性活动[②]。因此，讲解是沟通博物馆与观众的桥梁，是社会教育工作中最直接、重要的环节。在传统的博物馆教育概念中，讲解始终被置于核心位置，成为博物馆教育的核心内容之一。博物馆是向社会开放的文化教育机构，因此博物馆讲解的基本任务，是以博物馆收藏的文化和自然遗产资源为依托对象，通过口头交流的方式，针对多样化的观众群体进行智力开发，并为之提供愉悦的体验，与社会公众之间建立起最为直接的联系。

博物馆以科学、形象和直观的陈列展览为主要方式。博物馆讲解是以陈列展览和文物展品为依据，由讲解人员对讲解内容进行提炼、选择，运用语言艺术、讲解技能和诚挚感情，直接向观众有针对性地进行传播知识和信息交流的教育活动。讲解人员通过口语化、大众化的介绍，达到陶冶情操、启迪智慧和提高文化修养的目的。因此，讲解人员在博物馆社会教育中发挥着重要作用，其服务质量决定着公众获取知识的信息量和对博物馆的满意度。作为博物馆教

① 此文发表于《敦煌研究》2013 年第 6 期。
② 张希玲：《关于创新博物馆讲解工作的几点思考》，见《携手 2010：宁波国际博物馆高峰论坛》，71 页，非正式出版物。

育中最古老、最典型的一个专门领域，在新的时代，博物馆讲解面临着深刻变革，博物馆事业的蓬勃发展将不断为讲解服务注入更多丰富和新鲜的元素。

博物馆讲解的主要对象包括两个方面，一是其所服务的观众，二是其所要解释和传播的文物展品，而作为文物展品与博物馆观众之间的桥梁，无论是信息的传播，还是情感的交流，讲解都发挥了至关重要的作用，在博物馆工作中具有不可取代的重要地位。同时，讲解工作是对陈列展览的再创造，讲解人员引导观众将直观视觉获得的感性认识，上升为对主题思想的正确认识，领会陈列展览的深层含义，使博物馆的陈列展览充分发挥教育作用。因此，博物馆讲解的目的已经不仅仅局限于让观众在博物馆获得知识，而更在于要为他们提供生活经验，获得愉悦体验，提升生存能力。

免费开放政策的实施，使博物馆加快了融入社会的步伐，与社会各阶层建立起更加广泛的联系。与此同时，观众结构也发生了较大变化，呈现出多元化趋势，其中博物馆观众的认识、感悟、休闲、参与等现实需求，都应该成为博物馆改进讲解服务的动力。如今，每天博物馆打开大门的时候，讲解人员都会迎来不同知识结构、不同专业领域、不同经济条件、不同年龄阶段、不同民族地区的观众群体。其中未成年人、老年人、郊区农民、低收入者和外来务工人员参观博物馆的人数，较免费开放前有了大幅度增加，不少观众有生以来第一次走进博物馆，由于文化背景和生活习惯的差异，给博物馆讲解增加了难度。

在这一情况下，讲解人员要更加谦虚亲和，无论观众的社会背景如何，都要给予同样的尊重和人文关怀。例如外来务工人员多数从事建筑行业和服务行业，虽然自立自理能力比较强，但是受教育程度相对较低，对讲解中的专业术语理解能力较差，对文物展品说明和介绍资料不能完全理解，与以往博物馆观众在知识结构方面存在明显差异，增加了讲解的难度，这就需要讲解人员以更加通俗、生动的语言，更加平等、耐心的态度，加以交流沟通。同时，针对一些观众在展厅内大声喧哗、乱扔废弃物等不经意地暴露出来的不良习惯，也应该妥善加以劝阻和引导，避免影响参观讲解的环境和效果。

博物馆免费开放的调查表明，公众对博物馆的陈列展览内容吸引力评价较高，但是对于讲解员的讲解效果并不满意。一些博物馆对于讲解工作重视不够，对于讲解人员缺乏系统化、专业化的培训，缺少有针对性的专门教材，在知识结构方面缺少正确的引导。一些博物馆的讲解人员，对陈列展览的主题和文物展品的内容，缺乏深入的理解和研究，讲解往往仅限于对博物馆编写的讲解词背诵复述，因此，不能够满足观众的求知需求；一些博物馆的讲解人员，由于知识结构和价值取向等方面问题，热衷于讲解一些遗闻野趣，使讲解内容过于浅薄，不能达到为观众增长知识的目的。

同时，一些博物馆的研究人员，对于讲解工作不屑一顾，没有将讲解作为研究工作的延续；一些博物馆的研究人员，虽然有直接为观众讲解的愿望，也具备为观众提供准确、详尽、权威讲解的知识储备，但是由于没有经过讲解的专门训练，存在用语生涩、口音过重的现象，不能针对文物展品所包含的信息，将所研究的内容深入浅出地表达出来，影响观众对博物馆信息的接受。面对这一挑战，无论是提高讲解的专业化水平，还是创新讲解的传统模式，能力建设已经成为当务之急，需要博物馆讲解工作在继承传统的同时，努力探索符合时代要求、公众需求的理念和方法。

目前，我国博物馆的讲解效果并不能充分满足公众的要求，看不懂仍然是许多观众在走出博物馆后的共同感受。“由于讲解词的千篇一律，一些常规展览中‘讲解员厌讲，观众厌听’已经成为了一个带有普遍性的现象。”[①]观众在博物馆的参观感受往往是被动的、单向的。一些博物馆讲解人员拘泥于讲解词，死记硬背、浮光掠影、浅尝辄止、苍白乏力。讲解时缺乏细致、生动的语言，令人感到照葫芦画瓢，缺乏对观众的吸引力，更不能满足观众多样性的需求。由于一些博物馆讲解人员的数量有限，观众多时难以满足需求；一些博物馆讲解人员水平参差不齐，难以发挥应有作用。

毋庸置疑，博物馆在组织陈列展览时，对每一件文物展品都经过认真选择，每件文物展品都有深刻的文化内涵。然而，这些文化信息需要通过相应的讲解告诉观众。由于缺乏必要的讲解，一些精彩的陈列展览内容，变得难以理解而令人感到乏味；一些极具文化价值、蕴含丰富信息的文物展品，被观众匆匆的脚步甩在了后面。同时，我国大部分博物馆没有外语讲解服务，不能满足不同国籍观众的需要。外国参观者基本上要靠陪同的翻译完成讲解任务。但是，陪同的翻译人员往往缺乏专业基础知识，难以准确地运用专业外语，将陈列展览和文物展品翻译成贴切的外文。

目前，我国有各类博物馆 3400 余座，从事讲解工作的人员超过 1 万人。这支队伍已经成为支撑博物馆教育的重要力量，在博物馆事业的发展中，发挥着不可替代的重要作用。但是，随着博物馆事业的快速发展，博物馆观众需求的多样化，对讲解提出了更高的要求，讲解工作的专业化水平问题也引起了社会各界的高度关注。近年来，讲解人员学者化已经成为博物馆界的共识，讲

① 邓健：《论博物馆如何通过陈列展览吸引观众》，载《东南文化》，2010（1）。

解人员学者化建设也成为破解讲解服务瓶颈问题的关键。但是，讲解人员学者化建设毕竟是一项复杂的、长期的任务，讲解人员能力和素养的提高是一个循序渐进的系统工程，既不能望而却步，也不可能一蹴而就。

一方面，对讲解工作提出的专业化的挑战，使一般讲解人员必须集专业学识、非专业领域知识、讲解技能、表述技巧于一身，才能胜任博物馆文化传播使命。为此，应鼓励讲解人员与研究人员加强沟通，借鉴专业的学习研究方法，有利于提高讲解人员学者化的兴趣和信心。另一方面，要求研究人员深入讲解一线，推动讲解人员学者化的进程。鼓励研究人员定期为观众讲解，是讲解人员学者化进程中必不可缺的环节。只有接近实际，接近观众，研究人员的研究才具有意义。事实上，在一座博物馆中，讲解人员和研究人员保持经常的沟通交流，有利于提升讲解工作的水平，达到更为有效的宣传教育效果。

今天，博物馆讲解可以分为专业讲解人员讲解、专家讲解和志愿者讲解等不同形式。博物馆讲解的效果，往往取决于讲解人员的素质定位。随着观众文化素质的提高，人们也已经不满足于被动地“听讲”，在“是什么”之外，开始问“为什么”，这一个个“为什么”的回答，需要有足够的知识来支撑，在很多场合需要专家讲解。因此，应提倡研究人员经常深入展厅进行讲解服务，这样他们才能知道观众的需求和希望，才能不断改进和调整陈列展览的内容设计和形式设计。同时，不应认为讲解人员不能成为专家学者。博物馆的时代发展，要求讲解人员要具备必要的科学研究能力，成为既能在博物馆及相关领域从事一定的科学研究，又能以娴熟的讲解技巧传递文物展品信息的高级复合型人才。

在讲解人员的岗位培训中，除了常规的个人形象、语言声音外，更注重培养他们的文化素质。按照专业化的要求，讲解培训内容应该包括以下方面。一是专业知识学习，包括博物馆教育和传播基础理论，例如博物馆学、教育学、传播学、公共关系学、市场营销学等；文物陈列展览以及相关学科的基础知识，例如历史学、考古学、哲学、美学、心理学、语言逻辑学等；与博物馆或文物相关的法律、法规、政策等。二是专业技能培训，着重对讲解内容的组织、讲解人员的沟通交流能力及讲解语言表达技巧进行学习和训练，包括有声语言表达，态势语言表达，讲解词写作，礼仪礼节等。

山西博物院小小讲解员

应鼓励讲解人员自已动手设计合理适宜的参观讲解路线，撰写准确精练的展览讲解词，使讲解人员与讲解对象之间建立起更紧密地联系。即使从事讲解工作多年的讲解人员，也不能认为对讲解内容已经十分熟悉，讲解技巧已经非常熟练，而满足于现状。应具备敏锐的洞察能力，善于站在理论的高度思考问题，在多样化的讲解实践中，透过现象准确把握问题的实质。为此，应该不断接受培训，尝试运用新的知识，采用新的方法，提升讲解能力，完善讲解技巧，将解决问题的方法上升到理论高度，形成科学研究成果指导实践，也使自身对讲解工作更有激情，更加热爱。

博物馆讲解的目的，不仅仅在于为观众在博物馆的学习提供优质服务，更在于要为观众提供新的知识、新的信息、新的审美体验、新的认知能力。当前，博物馆在讲解环境、讲解对象、讲解内容、讲解需求等方面，均发生着深刻变化，呈现出多元化趋势。由此，在博物馆的讲解职能、讲解标准、讲解质量、讲解方式等方面，具有更加鲜明的时代特征，呈现出多样性的特点，而作为博物馆与观众沟通的重要媒介，讲解工作被赋予了更多的期待和要求，这些期待和要求，都深刻地影响着博物馆的讲解工作，使讲解的专业化水平问题引起社会各界的高度关注。

随着社会公众文化素养的不断提高，讲解人员提供的知识信息，应更具针对性、全面性和系统性，才能对观众的知识储备起到补充、深化、旁证的作用，才能对观众具有吸引力。博物馆讲解人员的人格力量具有不可忽视的作用。讲解人员只有首先热爱博物馆事业，热爱讲解工作岗位，才能做好本职讲解工作。当讲解人员直接与观众面对面进行沟通交流时，必然产生强烈的现场效应，观众在听取讲解的同时，也始终感受到讲解人员所表现出来的心态和气质。因此，讲解要获得理想的效果，除了需要讲解人员具有较高的文化修养，较强的表达能力，较好的心理素质外，还需要充满自信，需要真诚流露。

今天，讲解质量的高低，直接影响到社会公众对博物馆整体水平的评价。博物馆讲解的基本任务，是在陈列展览和文物藏品与社会公众之间建立起最为直接的联系。因此，讲解专业的主要对象，既包括所要解释和传播的专业内容，也包括所要服务的社会公众。好的讲解不仅要求讲解人员对所要讲解的陈列展览和文物展品非常了解，更要求讲解人员进行观众研究，做好与观众之间的互动和沟通。讲解人员要把陈列展览和文物展品的内容，转化为直接的知识语言进行表述，并在传播文化中与观众互动，增加他们接受信息的兴趣，加深他们对新的知识的理解，以便重点掌握有价值的信息。

目前，一些博物馆为了使讲解服务更加全面，让相应的观众获得更多相关的信息，采取了有针对性讲解策略。例如接待未成年人参观，相应选派有幼教经验的讲解员，采用通俗、浅显的语言讲解，注重故事性和趣味性；接待中学生参观，相应选派有一定讲解经验的讲解员，用简明、准确的语言启发诱导式讲解，引人入胜，增加吸引力，增强学习效果；接待高中生、大学生参观，相应选派熟悉历史的专业骨干或具有中高级职称的专业人员讲解，使参观者能接受有深度、有广度的知识。一些博物馆对于专业性较强、选题有特色的陈列展览，往往安排专家进行讲解，满足文化素养较高的观众需求。

南通纺织博物馆在讲解方案方面，提倡细化服务，讲解预案分为专家、领导、学生等，学生又分大、中、小、幼，其中大学生则又有专业与非专业之分，根据不同观众安排相应的讲解人员。例如讲解人员根据学校的教学安排，组织针对中小学生的专门讲解，在内容的取舍方面尽可能贴近学校的教科书。同时，发挥博物馆文化的优势，体现与学校教师不同的方法和内容，使学生们感受到博物馆知识，是对他们在学校所获得知识的印证、补充和延伸，体验到与学校教育不同的良好感受，使学生们通过在博物馆的愉悦经历，进而喜欢博物馆，并产生持续参观博物馆的愿望。

博物馆讲解是智力开发型的教育方式，并不能像课堂教育一样，完全按预先设定好的内容进行，而是不断引发观众对某些问题的思考，而讲解人员需要通过记忆、观察、剖析、推理和判断等方面能力的运用，随时加以跟进。尽管目前传统的讲解方式仍然在博物馆中普遍采用，但是，事实证明讲解人员仅靠事先准备好的，由其他研究人员提供的讲解大纲，以及其他支离破碎的信息，已经越来越不能完全满足观众的求知欲望和服务要求。讲解人员需要具有敏锐的洞察力，及时发现观众的需求和愿望，积极创造有利于追踪信息、学习知识和体验情感的环境，最终帮助观众将认知能力提高到新的水平。

英国博物馆教育专家G.得宾（G.Durbin）和S.莫里斯（S.Morris）建议，讲解人员以为观众设定问题的方式，将实物展品的信息归纳为五大类，即实物的具体特点、实物的结构、实物的功能、实物的设计和实物的意义和价值。所设定问题包括四个方面，即“主要思考的问题”“具体的问题”“参观中得到的信息”和“值得深入探讨问题”，引导观众在参观过程中找到答案。因此，博物馆需要给观众更大的自由度和自主权，讲解人员也不仅是知识的传播者，而重点是为观众创造相关知识整合而服务。在具体实践中，讲解人员应将自已视为观众群体的共同学习者，必须与观众始终处于真诚、平等和透明的交流对话状态之中。

博物馆讲解应努力激发不同观众群体的参观兴趣，加深对陈列展览和文物展品的理解，收获更多知识。虽然目前语音导览等各种现代化的讲解工具已经在博物馆广泛使用，但是取代不了博物馆讲解人员具有针对性的讲解。因为讲解服务的内容和方式可以因人施讲，针对不同年龄、不同阶层、不同参观目的的观众，具备较强的应变能力。特别是临时展览的讲解服务难度较大，不但内容丰富多彩，而且留给讲解人员准备的时间往往有限，更需要讲解人员具有渊博的知识背景。同时要求讲解人员对于临时展览内容非常熟悉，不仅了解陈列展览的整体内容，而且了解陈列展览的各项细节，能够讲解出陈列展览的特点与特色。

优秀的陈列展览需要成功的讲解服务。有意义的学习提倡对知识的灵活理解，而不是消极地接受。在这一趋势下，需要讲解人员根据不同种类的陈列展览，面对不同观众群体，进行负责任的讲解服务。博物馆讲解服务的最高境界是引起观众的共鸣，使他们的人生得到启示，灵魂得到净化，思想得到升华，从而达到教育的目的。博物馆讲解人员应尽可能引发观众对某些问题的深入思考，以及对文物展品背后故事探索的愿望，从而使观众的记忆、观察、剖析、推理和判断等方面能力得到提高，而这些能力将使他们直面社会问题时更加睿智、更加从容，并且终生受益。

实现与观众的成功沟通，是博物馆工作的重点，而博物馆社会教育工作中，与观众发生联系最多的人员就是讲解人员。因此，讲解人员的岗位性质非常关键，他们既担负着宣传和教育的职能，又要有效地组织和引导观众，成为一座博物馆的形象代言人。“如果说，典藏文物是博物馆的心脏，教育是她的灵魂，而讲解员则是掌握灵魂的人”[①]。博物馆讲解作为一门专业，有着自己的专业特征、研究对象、学术语言和教育模式。有人认为：讲解是知识和语言的

① 刘启芳：《讲解员学者化——纪念馆宣传教育的可持续发展之路》，见陈燮君：《上海文博论丛》，78 页，上海，上海辞书出版社，2009。

高度综合艺术，其职业特点与一般导游有着根本的区别，而综合了教师、播音、演讲、话剧、表演等专业的技术手段，是专业性、知识性和艺术性的综合。

新的博物馆教育理念认为，一名优秀的博物馆讲解人员应该具备一系列理想的标准和条件，包括对小学、中学和社区教育具有丰富的经验；对讲解所涉及内容的专业学科有相当的水平；对博物馆学知识有足够的了解和一定的博物馆工作经验；拥有熟练掌握当代传播技术的技能；具有相当的组织、协调和管理能力；能够与不同专业领域的专家一起工作；具有出色的语言组织能力和语言表达技巧等。"客观而言，以上这些条件和素质绝非一朝一夕可以达到的，甚至一个人毕生也很难全部做到。但是，它为我们提供一个发展的方向和目标，为我们的专业提出了一个理想的标准。"①

文物展品所包含的文化信息丰富多彩，博物馆的讲解人员应当具备文物展品的基础性专业知识，不能满足于仅仅将文物展品的表象特征传达给观众，而应当通过博物馆的讲解工作，将从文物展品的表象所看不到的知识信息挖掘出来，传递给广大观众。因此，博物馆要给讲解人员以充足的时间来研究博物馆的文物藏品，而讲解人员则必须通过研究，确定这些文物藏品与博物馆观众的潜在需要和兴趣之间的关系，并将两者紧密结合在一起，以此为依据，制定出针对不同观众的讲解方式。此时，讲解人员不仅是知识的传播者，而应以观众易于接受的方式，重点为观众解释陈列展览与展品相关知识之间的联系。

对于相当一部分观众，特别是成年观众而言，他们在来博物馆

① 张希玲.《关于创新博物馆讲解工作的几点思考》，见《携手2010：宁波国际博物馆高峰论坛》，71页，非正式出版社。

之前，已经根据以往的生活体验，对一些文物藏品形成自己的观点，博物馆讲解为他们提供的教育，不应是灌输各种知识，而是把他们原有的知识和将要获得的新知识加以整合，帮助他们在参观过程中提出问题并解决问题，实现认知能力的增长，有利于智力开发，为培养博物馆的忠实观众，培养未来合格公民做出贡献。由此可见，讲解人员的工作不是单纯追求某种学习的结果，也未必谋求某种共识，而是引发观众的思考，让观众在参观过程中通过观察、分析，自我求证得出相应的结论。因此，博物馆需要给观众更大的自由度和自主权。

博物馆是广大民众的终生课堂，也应该是讲解人员的终生课堂，讲解人员要有成为专家学者的强烈愿望，即在具备语言、礼仪和讲解技巧等方面基本素质的基础上，主动参与博物馆的科学研究工作，加强对历史学、考古学、博物馆学等专业书籍、报刊的广泛阅览和深入学习，努力具备良好的文化修养和丰富的专业知识，如此才能对陈列展览的内容设计大纲及文物展品内涵有全面和独到的见解，才能在讲解服务中游刃有余，运用得体。例如武汉博物馆的青年讲解员们善于总结和探索，依据多年工作实践，编辑了《律动的足音——武汉博物馆展览解读》一书，总结出独具特色的博物馆讲解经验①。

西方的博物馆学者认为，博物馆的目的并不在“教”，而在于帮助观众“学”。更有学者主张，应该用“交流”一词代替“教育”，认为“交流”更能反映当代博物馆教育活动的实质。我国的博物馆学者也逐渐意识到“博物馆是通过为观众自我学习提供服务而实现教育目的的”。因此，必须实现博物馆讲解创新，在多样化的社会教

① 刘庆平:《讲解员著书解读展览》，载《中国文物报》，2010-06-30（8）。

育形式中，摸索出一套富有博物馆自身文化特色的讲解方式和讲解方法，以实现博物馆的社会教育与现代社会的国民教育接轨。这里所说的博物馆讲解创新，包括讲解内容创新，讲解技巧创新，讲解情境创新和讲解角色创新等方面内容。

在讲解内容创新方面，尽管传统的讲解方式仍在博物馆普遍使用，但是讲解人员事先准备好的那些信息和结论，已经不能完全满足观众希望更多亲身体验的要求。博物馆的讲解不等于说明，而是需要深入透彻地去把握陈列展览、把握文物展品，讲解人员必须对陈列内容的复杂历史背景、对文物展品深厚的历史内涵有足够的了解才能胜任。讲解人员不但应熟悉、记住既有的讲解资料，而且应该做好提炼，应尽量改变“背诵演讲稿”式的讲解模式，推行双向交流式讲解。而且双向交流可以及时获得观众的反馈意见，对讲解人员来说也是难得的督促和鼓励。观众从不同角度提出的问题，可以为讲解人员提供新的思维方式。

博物馆利用厚重的文化载体，揭示凝聚在文物展品上逐渐失去的记忆。因此，讲解人员应该在已有资料的基础上，利用各种渠道尽可能多地收集有关信息作为补充。面对博物馆程式化的主题加材料组合的陈列方式，讲解人员应力求抓住陈列展览内容与形式的多元化特点，加强陈列展览艺术与观众之间的对话和参与互动。一般来说，关于陈列展览的主题和文物展品的特色，博物馆都有较为翔实的资料，而完成一次好的讲解过程，需要更多相关资料汇集。例如以某段历史、某个事件、某位人物为主线，进行讲解延伸和内容充实。

在讲解技巧创新方面，博物馆要善于借鉴和利用现代教育心理学的一些理论成果，强调观众的高级心理活动在参观过程中的作用。

通过博物馆讲解人员的努力，使博大精深的博物馆陈列展览变得鲜活生动，震撼每一位参观者的心灵，也赢得更加广泛的社会赞誉，使博物馆与观众的关系更为亲近，吸引更多的观众走进博物馆。近年来，博物馆陈列展览更加重视营造观众进行学习的环境，使观众不仅可以亲自动手参与操作，而且鼓励观众开动脑筋进行思考，从而真正地理解相关内容。在此背景下，博物馆的讲解工作应能根据观众的需要、兴趣及时调整，及时解答观众疑问，甚至与观众进行短暂的讨论。

讲解人员应该使讲解内容变得更加翔实和生动。提倡互动式讲解，即讲解人员和观众双方之间相互探讨，形成良好互动的讲解方式；提倡包容式讲解，即面对观众文化教育程度，知识接受能力等各种不同情况，采取具有包容心态的讲解方式；提倡启发式讲解，即讲解人员在实际讲解过程中，善于引导观众自动提问，自主思考，获得新知，而讲解人员通过准确的语言，启发式的讲解，融会贯通，引人入胜，增加吸引力，增强学习效果。这种双向交流式的讲解，缩短了讲解人员、文物展品和观众三者的距离，有助于引起观众对于博物馆展品的好奇感，增强对于美感的欣赏和体验，并从中获得新发现的满足感。

在讲解情境创新方面，讲解人员应该能够结合讲解内容，观察参观现场的气氛，来营造出适当的讲解情境，使讲解获得最佳效果。当人们进入博物馆鉴赏文物展品时，希望穿越时空的阻隔与历史对话，走进历史文化的真实，需要一种肃静、庄严、富有文化氛围的环境。因此，要考虑并满足观众的求知欲望、心理感受和生理需求，给观众以知识的涵养和文化的享受。这样有利于建立起讲解人员与观众的友谊，通过真诚的微笑、亲切的语调、信任的目光、包容的胸怀和恰当的方式，增加博物馆的亲和力，对于培养固定的观众群体，树立博物馆的良好形象至关重要。

博物馆的独特之处在于提供难得的真实学习经验，能够极大地激发观众的好奇心和学习兴趣。今天的博物馆观众期望更多、更直接、更有参与感的体验，在这种情况下，博物馆讲解工作需要鼓励观众自己进行探索和发现，这与过去传统的博物馆讲解方式有很大不同。在讲解服务中，讲解人员不仅对每一件文物展品能够深刻解读，更应该在陈列展览的总体层面进行准确把握，正确理解展览策划的背景、性质和主旨，从而引导观众全方位理解陈列展览，真正体会其中的文化魅力。而且讲解人员要善于从具有专业知识背景的观众身上，学到讲解词以外的相关知识，将每一次讲解服务过程都看作是不断完善知识结构，丰富讲解内容的良好契机。

在讲解角色创新方面，讲解人员应该具备不断转换角色的能力，在实际的讲解过程中，既要成为释疑解惑的教师，又要成为耐心聆听的学生，还要成为沟通心灵的朋友。这些不同的角色，常常需要快速调整情绪，在一次讲解过程中进行不断的转换。讲解工作是博物馆与社会联系的环节，讲解人员与观众的关系其实也是博物馆与观众的关系，如果博物馆都能从讲解人员开始与观众建立良好的人际交流，博物馆对社会公众的吸引力将会大大提高。因此，博物馆应该关心观众的价值与尊严，摆脱单纯说教者的形象，讲解人员与观众之间要建立起平等、民主、合作的关系，使观众获得更加愉快的参观经历。

博物馆教育必须遵循以人为本，确立以观众为中心的原则。唯有这样，才能更好地发挥出博物馆的社会教育功能。观众在博物馆中扮演的是一个主动学习的角色，而并非被动的信息接收者。博物馆教育的目的并不在“教”，而在帮助观众“学”，并不是要教会观众某方面的知识，而是在于要激励、促进观众自我教育、自我完善、学会学习。博物馆的观众非常多元，其年龄结构、教育水平、文化背景、心理状态、生理发展阶段等可能差异很大，这就要求博物馆的工作人员必须要尊重和接纳每一位观众，无论是在讲解或是在其他教育活动中，都要充分考虑观众的上述特点，进行讲解或策划。

讲解水平的高低，决定着博物馆教育效果的好坏。苏东海先生认为，“重视讲解工作，要特别重视口头讲解。口头讲解是任何工具讲解都替代不了的。面对面的口头讲解是最具亲和力的交流，是博物馆与观众直接交流的桥梁，是博物馆教育中最人性化、情感化的桥梁”①。观众是博物馆信息传播的对象，博物馆讲解的受众广泛，面对不同民族、不同国籍、不同职业、不同年龄、不同文化层次，怀有不同目的与兴趣的群体，每个观众对于每项陈列展览，甚至每件文物展品，都会有不同的理解和把握，而对于绝大多数观众而言，需要深入浅出地了解文物展品背后的故事，更多希望得到心灵的陶冶、轻松愉快的学习、高雅文化的享受。

讲解人员作为博物馆讲解服务的主要承担者，在博物馆教育职能的有效发挥中占有重要的位置。一般情况下，讲解人员应该引导观众将注意力集中于文物展品和陈列展览内容，避免分散注意力。需要让观众在不同于大众传播的博物馆特殊环境中，通过视觉、听觉、感官、氛围，全方位了解和感受博物馆文化的独特魅力。如今，缺乏文化内涵和知识含量的讲解，逐渐被日益挑剔的观众所抛弃。好的讲解人员已经不再是照本宣科、死记硬背的播音员，他们拥有良好的知识结构和现场反应能力，面对不同的观众，不断地调整讲

① 苏东海：《什么是博物馆——与业内人员谈博物馆》，载《中国博物馆馆刊》，2011(1)，140页。

解内容与方法，使自己变得更有亲和力和感染力。

在很多博物馆，讲解人员不得不面对内容广泛的陈列展览、类型复杂的文物展品，因此对于讲解人员进行系统的、专业的、科学的培训成为迫切的任务。博物馆应为讲解人员提供必要条件和充足时间进行学习。培训旨在提高讲解人员的专业基础知识、语言表达能力和服务技能水平。例如讲解人员通过研究博物馆藏品，深入研究这些文物藏品与观众需要和兴趣之间的关系，并以此为依据，制定针对不同观众的讲解内容和方法。一些博物馆为了使讲解人员培训富有实效，每年都制订周密的培训计划，在保留经典课程的同时，针对现实需要安排诸如考古新发现、文物保护技术、获奖陈列方案分析等实用课程。

秦陵博物馆每年冬季，坚持利用两个月的淡季时间对讲解人员进行培训。培训内容围绕强化综合素质进行，重点突出讲解人员职业道德、仪容仪态、礼节礼貌、形体训练、语音语调、讲解技巧等，以及博物馆学、考古发掘、科研成果、文物保护技术等业务知识的学习，并重点掌握博物馆陈列展览内容及相关文物展品的背景知识。培训方式主要采用集中授课、分组研讨、观摩教学、现场示范、参观考察、交流汇报、讲解考核等形式，包括探讨讲解人员如何与观众进行互动交流，如何分析与把握讲解过程中观众的心理变化，做到学有效果，学以致用。

因人施讲是衡量讲解水平和讲解质量的重要标准，是讲解人员综合能力的体现，也是博物馆讲解必须面对的核心问题。博物馆应经常进行观众的调查研究，只有详细了解观众的知识背景、年龄层次、职业特征、心理特点、关注要素等，才能更有针对性地进行讲解服务，寓教于乐吸引观众。因人施讲的关键是讲解人员能否根据不同类型观众的参观目的、参观需求、接受能力等，采取具有针对性的，即兴发挥的讲解。还应根据博物馆文物展品的风格特性，结合观众不同的特点和需求，根据观众不同年龄层次、不同职业特点、不同文化层次、不同生活习俗以及不同教育背景等，有区别地进行讲解服务。

博物馆讲解人员的讲解工作是共性与个性的结合。共性指的是讲解工作必须符合社会的总体发展趋势，必须坚持贴近实际、贴近生活、贴近民众的原则。个性指的是根据博物馆不同主题思想的展览，讲解的内容也应各不相同。以往的“一个版本面对所有观众”显然已经不合时宜，应针对不同观众群体，采取灵活多样的讲解方法，各有侧重。例如针对青少年学生性情活泼、好奇爱动，对自然界事物充满幻想，但是理解事物的能力较弱的特点，讲解时需要深入浅出的语言、简单明了的说明、生动有趣的事例，注重故事性和趣味性，提高他们的参观学习兴趣，同时讲解人员要善于引导和提问，吸引他们的注意力。

讲解艺术最本质的特征是知识和语言的有机结合，一方面，讲解人员需要学习和掌握各方面的知识，另一方面，语言运用的好坏则关系到能否吸引观众。讲解人员的语言一是要真实。内容准确，观点鲜明，系统完整。二是要规范。发音标准，语言规范，口齿清楚，语速适中，语句连贯流畅。三是要简洁。表达语意明白简洁，尽可能用精练的语言传达最大限度的信息量。四是要生动。史物结合，注意声调和节奏，追求有亲和力、声情并茂的讲解效果，增强吸引力和感染力。五是要文明。谈吐文雅，适时运用礼貌语言。六是要科学。需要面对不同职业、民族、年龄、职业、性别、文化水平的观众，针对特殊群体还需要使用外语、少数民族语言、方言或哑语讲解。

同时，讲解人员的服务态度十分关键。一是要主动，积极联系、组织观众，及时提醒观众注意事项，做好或协调讲解过程中发生的事项，不得无理拒绝讲解。主动了解观众信息，包括团队来源、组团名称或单位、参观时间、人数。特殊观众还应掌握对方姓名、职业或工作经历，以及不同国家、不同民族的特点等相关信息。二是要耐心，繁忙之中不急不躁，对事情不推诿，善于克制和忍让，认真答复、解决观众在参观中遇到的问题。三是要周到，想观众之所想，主动关心老、幼、病、残，体贴细致。四是要热情，面带微笑，自然适度，亲切和蔼，稳重端庄，落落大方。

优秀讲解人员的成长过程是一个循序渐进、长期积累的过程。这个过程要求讲解人员需要不断地增加知识储备，养成勤于思考的习惯，培养积极的科研意识和严谨的治学作风。博物馆讲解人员的讲解服务应做到语言精炼、内容准确、声情并茂、通俗易懂，重点放在文物展品知识的普及和历史文化的传播。具有吸引力的讲解服务，才能拉近观众与文物展品的距离，才能使观众在轻松愉快的气氛中接受知识的传播，使更多的社会公众乐于经常走进博物馆。语言艺术是一门综合性的学问，熟练使用普通话进行口语表达是对讲解员的基本要求。同时讲解人员还必须使用标准的发音、通俗的语言、流利的表达，达到具有亲和力、声情并茂的讲解效果。

博物馆讲解承担着神圣的文化传承使命，是面对面地将博物馆陈列展览和文物展品知识传递给观众的方式。因此，很多博物馆在对讲解人员进行选拔时，十分注意个人外表形象、语言表达能力、文化基础知识等方面的要求。讲解人员的仪态是在观众心目中最直观形象，包括讲解人员的仪容、风度、表情、姿势、举止、目光等。

仪态无时无刻不在向观众传达信息，感染观众的情绪。仪态作为讲解人员内心修养的外在表现，实际上是讲解人员的综合形象，在很大程度上影响着讲解效果。因此，讲解人员在讲解过程中要仪态端正、情绪饱满、手势恰当、语言流畅，富于亲和力。

新的时代，对博物馆讲解人员提出了更高的要求、条件和标准，包括具有较高的文化素养和学习能力；具有系统的博物馆学知识，并有一定的博物馆工作经验；具有讲解所涉及内容的基础性专业知识；具有学校教育、社区教育的经验；具有当代传播技术的基本技能；具有一定组织、协调和管理能力；具有与不同领域人士沟通交流的能力；具有出色的语言组织和表达的能力和技巧等。这些对于博物馆讲解人员来说均至关重要。博物馆讲解人员不应仅给观众外貌年轻漂亮的印象，更应展现风度、修养和耐心，言谈举止、待人接物等均应体现出博物馆的特有文化，既具有亲和力，又富有感染力。

国际博物馆日故宫博物院系列活动

今天，不应将博物馆讲解工作视为“青春职业”或专门职业。从事讲解工作多年的讲解人员和年龄较大的志愿者讲解人员，往往可以给予观众知识广博的信任感。但是，一些人认为博物馆讲解职业过于平凡普通，甚至认为不能实现自身人生价值。“很少有人把讲解作为终身职业来发展，立足岗位成为专家型讲解员的人才较少”[①]。实际上，“我国有些老讲解员毕生担任讲解工作，职称评为研究员后，仍活跃在讲解第一线。他们反对‘讲解员是青春职业’的说法。这些应该被视为博物馆教育的精神财富”[②]。因此，要改变“讲解职业是青春职业”的观念，使博物馆讲解成为拥有尊严、令人尊敬的工作。

① 田静:《探索讲解员业务培训管理的长效机制》，载《中国文物报》，2011-04-20（7）。
② 苏东海:《什么是博物馆——与业内人员谈博物馆》，载《中国博物馆馆刊》，2011(1)，140页。

博物馆使命与文化生活质量提升①

（2014 年 1 月）

在工业社会细密分工的背景下，社会成员的知识与技能通常局限在相对专业与精通，但是较为狭窄的领域。往往使人们在拥有独具的职业生涯，为自身生存提供稳定保障的同时，对于其他知识领域与生产领域知之甚少，长此以往，社会成员之间会因缺乏相互间的理解和共同的语言而变得难以交流。在这种状态下，要达到社会的和谐将变得困难。20 世纪 70 年代初，联合国教科文组织国际教育委员会主席 E. 富尔（E.Farue）正式提出“终身学习”一词。它是在“终身教育”提出之后产生的概念。

终身学习强调的基本特征是“有意义的学习”，而其学习场所也不仅限于家庭、学校、文化中心或企业等，凡可以加以利用的一切教育设施及资源都包括在内。由此可知终身学习是现代社会人们追求的一种生存方式。现代社会提倡素质教育。素质是指人们在后天通过环境影响和教育训练所获得的稳定而长期发挥作用的基本品质结构，包括人的思想、知识、身体、心理品质等。素质教育是指以提高全民族素质为宗旨的教育，以面向全体公民，全面提高基本素质为根本目的，以注重开发受教育者的潜

① 此文发表于《从“数量增长”走向“质量提升”——关于广义博物馆的思考》，天津，天津大学出版社，2014。

能，促进受教育者德、智、体诸方面生动活泼地发展为基本特征的教育[1]。

博物馆作为国民教育的特殊资源，具有独特的优势。博物馆以实物为载体，教育手段丰富多彩，强调亲身参与和互动体验，生动直观。博物馆以各类文物展品为基础，精心组织陈列展览，通过大量运用文物、标本及模型、辅助性艺术作品等实物资料，以实物例证向观众表达深刻内涵和文化信息的方式，使观众感到亲切，易于接受和理解，也是其他社会教育机构无法替代的优势。同时，博物馆的教育对象具有广泛性，包括了整个社会成员，无论男女老少，无论何种民族，无论何种文化背景或受教育程度，从幼儿园儿童到老年人，从一般民众到残疾人士，从团体观众到外国旅游者，博物馆都向他们敞开大门。

“故宫一小时”主题活动

① 张妮佳，张剑平：《现代大教育观下的数字博物馆》，《中国博物馆》，2006（3），71页。

博物馆的教育内容具有多样性。从社会历史到自然生态，从艺术到科学，从古代出土文物到当代文化创造，从中华民族文化到世界各国历史，都可以在博物馆里得到反映，特别是对于少年儿童，博物馆是一个充满新奇和引起幻想的天地，对成年人也是补充新知识、获得新收获的文化场所。人们通过参观吸取科学文化知识，获得理想情操和审美情趣的熏陶。因此，应将博物馆纳入国民教育体系，尤其是与义务教育紧密结合，发挥博物馆的独特优势，与学校、图书馆等其他社会教育机构相配合，组成强大的社会教育网络，对于普及科学文化知识，提高全民文明素质意义重大。

博物馆的出现与教育有着很深的历史渊源，教育事业的发展为博物馆的诞生创造了条件。当前，世界各国都在进行教育变革，以适应社会不断发展的需要。教育是培养人的行为，教育的最终目的是提高人的素质，促进社会的全面发展，而博物馆正是除学校教育外，为青少年提供社会教育的理想场所。博物馆希望青少年观众通过参观和活动，体会到学校教育中无法充分满足的乐趣，并逐步培养参观博物馆的良好习惯。但是，目前国内相当数量博物馆的陈列展览，并没有与学校的教学内容做到沟通与互动，博物馆除了热情接待学生集体前来参观外，很少主动了解他们对于参观内容的需要，而学校也往往只将博物馆视为校外活动的场所。

在博物馆，经常遗憾地看到，学生们在教师的带领下，排着长长的队伍，围着各个陈列展厅转上一圈，然后或聚在一起聊天，或匆匆离开，有的学生甚至连所看过的展览名称都没有记住。目前，在博物馆与学校沟通与互动、最大限度地发挥博物馆教育功能方面，最普通的做法就是博物馆与学校等教育机构共建教育基地、实践基地等，这些基地的建立为博物馆发挥教育职能搭建起很好的平台，但是建立基地的真正目的是发挥作用，及时了解教育主题，主动配合学校教育，而不能停留于形式，宣传于表面，起不到应有的教育作用。

旅顺博物馆开展的“中学生与博物馆”活动，主要内容是结合中学生的历史教材，以讲座的形式讲解文物故事，向中学生传授历史知识。活动的形式包括两个方面：一方面，积极引导中学生走进博物馆，了解历史；另一方面，讲解人员主动走进校园，给同学们讲故事。讲解语言深入浅出，通俗易懂，有利于中学生理解。讲座中穿插的互动环节，更是激起中学生的兴趣。有的同学课后激动地说：“本来以为历史就是印在书本上的文字，就是枯燥地背下老师所讲的内容，现在看来，历史是活的、有意思的，可以这样学。”两年来，数百名中学生因为聆听大连出土文物故事会，使他们不但了解了大连的地方历史，而且感受到了历史的生动与鲜活[①]。

国际21世纪教育委员会提出：“21世纪的教育有四大支柱，即学会求知、学会做事、学会做人、学会共处。”四个学会成为新一代教育观，它要求社会给学习者提供便利的学习资源和学习机会。新一代教育观是顺应时代发展而形成的教育理论，突破了传统的就教育论教育的传统教育观，将教育看作社会系统中的一个大系统，多学科、全方位考察教育的本质和规律，是宏观与微观相结合的综合教育观，是包涵了学校教育、家庭教育、社会教育的广泛教育观，是一种从生到死的终身教育观，是一种力图超前的未来教育观。

① 房学惠：《历史可以这样学》，载《中国文物报》，2011-02-16（4）。

2008 年度全国重要考古新发现成果展（浙江）

新一代教育观的提出，引起了教育观念的重大转变，即从人力教育到人的教育、从应试教育到素质教育、从一次性教育到终身教育、从学校教育到开放教育等。学校不再是唯一的教育和学习的场所。教育把发展的触角伸向了包括博物馆在内的其他机构。学校的教育资源是显在的，而这些非学校的教育资源是潜在的，蕴含着无穷的智慧宝藏。《学会生存：教育世界的今天和明天》一书鲜明地指出：不要把教育的权力交给一个单独的、垂直的、有等级的机构，使这种机构组成一个社会中的独特团体。相反，所有的集体、协会、工联、地方团体和中介组织都必须共同承担起教育的责任[①]。

博物馆是社会教育环境中一个不可缺少的教育园地，它所拥有的文化信息是社会教育和学校教育的最好教材。提供丰富多彩的选择内容，是博物馆教育的手段，也是观众乐于接受的教育方式。国

① 张妮佳，张剑平：《现代大教育观下的数字博物馆》，载《中国博物馆》，2006（3），71 页。

外许多博物馆中都设有活动中心，组织有少儿课堂，安排有让儿童观众从事更多探索性活动的场所。例如新西兰奥克兰博物馆的互动式“科学探索中心”“古怪与神奇”活动室、“宝藏与神话”活动室，寓教于乐，受到儿童观众的广泛欢迎，家长可以和儿童们一起大显身手。在卢浮宫艺术博物馆拥有数十个集参观、讲解、自己动手三者于一体的“艺术车间”，为学生提供亲身参与艺术活动的场所和机会。

北京市“历史学习研究与教学对策”课题组的调查结果表明，学生更喜欢活动性较强、参与程度较高的教学方式，对于所提供的8种教学方式的选择，“配合教学到博物馆或遗址考察”列首位，占69.4%。近年来，许多博物馆在实现博物馆教育职能方面做了不少创新性的工作，例如北京古代建筑博物馆依据自身馆舍的特色，利用半年多的时间，与共建基地的学校合作，设计出“先农坛文化与学科整合”课题，除语文、数学、体育课以外，其他各门课程都可以在该馆找到丰富课程内容的素材，使博物馆资源补充学校课程资源的设想得以真正实现①。

首都博物馆特别为儿童观众提供丰富多彩的动手互动活动，开设有教育互动区，在互动区里孩子充分发挥想象力和创造力，可以随时参与，体验亲自动手的乐趣。活动主要根据儿童认知发展的需求而设计，启发儿童探索的欲望，培养儿童动手能力，启发儿童艺术想象力。其中七彩坊针对儿童观众的特点，设置形式各异的项目，包括年画套色、脸谱绘制、编中国结、扎风筝、儿童绘画、拓片等；陶艺坊也是动手区域，在这里儿童观众可以在工作人员的指导下进行陶艺制作，包括拉坯、泥塑和软陶制作，在听完有关陶瓷相关知

① 李枚：《关于青少年观众的思考》，载《中国博物馆》，2006（3），78页。

识的讲解后，通过亲身参与，认识和了解陶器的制作流程，从而加强记忆。

小讲解员培训班是首都博物馆利用寒暑假和周末举办的特色活动，让孩子们通过培训锻炼胆量、丰富知识、提高语言表达能力、初步积累社会实践经验，深受参与儿童和家长欢迎。亲子活动是首都博物馆以现有陈列展览为基础，通过组织家庭观察、游戏、演示、实物触摸等方式，帮助学生了解博物馆的陈列展览、学习人文历史知识。活动力求从儿童观众的视角出发，让他们用自己的方式来认识事物、表达感受，倡导主动参与、积极探索精神，培养儿童观众的兴趣，达到寓教于乐的目的。精心策划的这些活动，在整合本馆和社会教育资源上做出初步的探索，得到社会公众的认可。

2011 年 3 月，“考古中华——中国社会科学院考古研究所成立 60 年成果展”在海南省博物馆开展。首日接待游客达 3800 人次，而配合展览设置的互动环节，让观众现场体验了考古的乐趣。一把铲子、一个刻度尺、一把刷子，观众们在博物馆考古人员的带领下体验现场发掘。此后又在考古人员的指导下，进行“文物”清理，填写出土“文物”登记表，并郑重签上自己的名字，让观众在发掘的乐趣中认知考古学的意义。同时，博物馆特设“走进博物馆——寻找历史的印迹”有奖征文比赛，与观众共同分享考古学带给人们的惊喜与发现，而展览展出 365 件（套）文物，并配合制作了多个重要遗址复原模型，便于观众准确了解历史背景，堪称一次浓缩中华文明历史的高水平展览[①]。

传统意义上的博物馆被单纯地视为文物和标本的收藏机构，因此往往只注重文物藏品的收集和保存，对于博物馆实物性的强调，

① 黄晶：《“考古中华”首日接待游客 3800 人次》，载《海南日报》，2011-03-28（1）。

更是加强了它在这方面的社会功能。但是实际上，社会教育与服务，同样是博物馆的主要社会职能之一，不应被忽视。现代博物馆越来越注重社会教育的力度，这已经日渐成为未来博物馆的一个发展趋势。2009 年，黑龙江省博物馆推出“每月一星”活动，以一个月为基本展示周期，从上万件博物馆藏品中精心挑选出一件精品文物，在单独设立的展区或展台进行陈列展示，并将该文物藏品的基本信息、历史文献、文化典故等进行全方位、系统性的展示。“如今，只要参展的消息一发出，咨询电话就会不断打来。可以说，‘每月一星’活动已融入当地群众文化生活当中”[①]。

博物馆发展与文化旅游之间的关系极为密切。博物馆作为人类文化遗产的重要保护单位，是文化旅游资源的重要组成部分，是旅游者的重要参观目的地。国内外的旅游者每到一个城市，往往会将博物馆列入他们参观的内容之中，通过参观博物馆，旅游者能够准确地了解当地的历史沿革、社会状况和风土人情。因此，博物馆事业与旅游业相结合，建立协调促进机制，拓宽合作途径，合理分配收益，将是一个双赢的合作方式。为了促进全国博物馆与旅游机构之间的密切合作，需要研究制定相关政策予以推动，进一步凝聚和增强综合实力和群体优势。

2009 年全台湾博物馆普查结果显示，可以纳入广义博物馆范畴的各种类别博物馆总计 646 座，包括艺术博物馆、历史博物馆、人类学博物馆、考古博物馆、自然史博物馆、科学博物馆等。台湾许多旅游指南的第一部分，就是“博物馆和美术馆”，博物馆和旅行社的管理机构，均积极向来访者推介台湾各具特色的博物馆，从“台北故宫博物院”，到私立“袖珍博物馆”，皆得到详细

① 张建友:《每月一星 星星璀璨》，载《中国文化报》，2011-02-15（2）。

介绍，博物馆的地址、电话和展览信息一应俱全。台湾博物馆学会是博物馆界人士的专业组织，他们搜集整理出版的小册子《台湾博物馆名录》，包括全台湾公立、私立博物馆的中英文版本详细信息[①]。

在现代崭新的台北城区中，矗立着一座自1931年保留迄今的老烟囱，它曾经是象征台北进步的地标。华山1914创意文化园区，除承载时间与空间的特殊历史意义，近年来更成为时尚青年与艺术家聚集的地方，并为台湾文化创意产业从创作、制造、流通到消费，提供了多元化的平台。“台北故宫博物院”也借此特殊的场地展示另一个不同的故宫，即数字故宫，以呈现古典与创新结合的另一种故宫风貌。这个展览由“台北故宫博物院”与华山1914创意文化园区携手合作，以“科技与艺术的沟通”为主轴，运用新科技多元展示方式，提供观众参观的自主及多重的感官体验。

“让古文物与新科技在老建筑中重新开出艺术的火花。”例如在展览中以“台北故宫博物院”收藏名画《唐人宫乐图》为基础，创作幽默有趣的互动装置，其特色在于巧妙地将仕女手中所持的乐器等物件，随着观众踩踏脚下不同的感应地板，转换成不同主题的城市面貌。再例如毛公鼎汉字互动装置，由毛公鼎中的铭文带动汉字艺术动画，结合灯光、投影、音响、图像等丰富多重感官的媒体使用，不仅展现丰富的汉字文化，更创造了科技与人文相结合的趣味。使用者置身于汉字演变氛围的同时，更能了解到如今使用的正体汉字，不但是生活中俯拾即是的无尽宝藏，也是从古至今都与人们生活互相呼应的生命体。

① 王尧：《台湾博物馆：行销“文化风景”》，载《人民日报》，2011-05-20（19）。

“台北故宫博物院”数字展厅

欧洲议会文化遗产总干事加布艾拉·巴塔伊尼·德拉戈尼曾提出，博物馆应该为人们提供一个“休闲的共享空间”[①]。在欧洲，许多博物馆“请勿动手”的警示牌已经被拿掉。许多博物馆不仅具有传统教育职能，而且现在已经成为多种文化活动的场所。华盛顿的各大博物馆坚持为公众举办免费音乐会；国家艺术博物馆的花园每星期日晚7时举行免费音乐会，著名指挥家经常在这里指挥管弦乐队演奏；菲利普斯博物馆每星期日下午5时举办免费音乐会和朗诵会。美国的周末报纸常有博物馆及美术馆的文化活动专栏。地方刊物也可以查到博物馆的活动安排及可供参观的展览项目[②]。

① 吕天璐:《博物馆见“物”也要见“人”》，载《中国文化报》，2011-02-02(6)。
② 张和清:《美国博物馆业概览》，见《中国国际友谊》，第七卷，141页，北京，文物出版社，2010年。

美国丹佛自然与科学博物馆

英国南安普敦博物馆有纺织机展品，青少年观众可以操作它织出中世纪风格的土布。观众还可以自行设计，捏土并造型，筑起一个窑炉，把自己捏的泥质作品烧制成陶瓷，十分有趣。加拿大文明博物馆是1989年对外开放的现代化大型博物馆。“潜入过去”是模拟的海底世界，走入其中，可以看到海底的生物、沉船和遗物等。儿童们可以穿上潜水衣，模拟在黑暗的海底行走，探索逝去的文明。日本东京的145座各类博物馆中，拥有观众能够参与活动的就有137个。福冈市博物馆设置了一些不仅可供参观，而且能使人愉快学习的娱乐场所，例如学习体验室，备有亚洲各国的游乐器材、乐器等，可供观众自己操作练习①。

今天，应从重视陈列展览，向同时重视观众的文化体验转变，

① 若初：《那些聪明的博物馆》，载《中国文化报》，2011-02-02（6）。

让博物馆成为世界多元文化的对话场所、城市中的休闲驿站，也使博物馆的角色由保存文物，发展到诠释文化，由静态陈列物品，发展到文化沟通与交流。北京市文物局发起的2011年“博物馆里过大年”春节系列文化活动在多家博物馆同时进行。其中老舍纪念馆举办的“老舍笔下的北京春节”展览，用“老舍说”的形式，图文并茂展示了腊八粥、过小年、办年货、除夕夜、拜大年、买玩意儿、逛庙会、闹花灯的传统内容。

成都金沙遗址博物馆的“成都金沙太阳节”在春节期间举办，其重头戏之一的金沙文化主题灯展，延续了古蜀金沙太阳崇拜的核心主题，汲取世界范围内太阳崇拜文化的丰富内涵，由20余位中国及世界各地古老传说中的太阳神组成的太阳神盛宴灯组相当炫目。2010年年底，500多名出租车司机集体参观了首都博物馆，虽然几乎每天都在它旁边经过，但是他们中的绝大部分人还是第一次进来。全国劳动模范于凯曾经开过的出租车已经被首都博物馆收藏，这次特意摆放出来供司机们参观。首都出租汽车集团希望能以这种形式使每一位驾驶员都能够了解北京灿烂的文化、悠久的历史以及城市发展进程，更好地为乘客服务①。

四川博物馆将“流动博物馆”作为一个成建制的新部门进行运作。使“流动博物馆”拥有自己专门机构和队伍，有相应的规章制度和陈列展览设备，目的就是要把“大篷车”活动常态化，带着形式多样的展览，坚持每个月到各地巡回展览一次。流动博物馆展览的内容根据不同对象“量身定做”，展示的手段也尽可能多样化。在巴中老区带去的是“馆藏绵竹年画展”和“馆藏画像砖展”，经过装框的60多件不同时代的年画和20多块汉代画像砖，

① 王美玲：《企业也应亲近博物馆》，载《中国文化报》，2011-01-04（5）。

使老区民众大开眼界，当天就有上万人参观展览。在部队，为了使展览更贴近官兵生活，流动博物馆带去的50件馆藏精品文物中，就有15件西周、战国青铜兵器，使部队官兵不出营房，就能领略博大精深的古蜀文化[①]。

四川成都市金沙遗址

面对环境的变迁和社会的期待，博物馆不能拘泥于过去所形成的传统框架，不能再将博物馆的活动空间和影响范围循规蹈矩地限定在馆舍之内，而应该创建和拓展出更广阔的空间和领域。因此内蒙古博物院将宣传触角向更深的层次、更广的方面延伸。“流动博物院”走进呼和浩特的大、中、小学，蒙族幼儿园，特殊教育学校等十几所教育机构，每年平均走入校园40余次。2008年开始内蒙古博物院走出城市，使边远地区的学生都能享受到同等的文化权益。

① 李大跃，张衡:《从“象牙塔”走进大千世界》，载《中国文物报》，2011-04-27（4）。

同时走进老年公寓、长城小区等，使社会教育进一步深入基层、深入需要的人群，进一步拉近与社会公众的距离，扩大社会影响[①]。

2011 年 7 月，“五味纷陈：半世纪的中国生活技艺”展览在香港历史博物馆开幕。展览汇集了 400 多件内地百姓十分熟悉的日常生活用品及旧照片，内容分为票证年代、生活杂拾、红色印记、婚姻大事、奔向小康 5 个部分，以实物陈列、照片展示、音像播放等形式，生动再现了我国内地在半个多世纪里生活状态的变迁。朝阳区文化馆收藏老物件已有十几年的历史，目前共收集上百种、近 4000 件各式老物件。物件捐赠者以老年人为主，他们把先辈留下的具有浓厚感情的物品捐赠出来，使个人生活物品变成了社会公共资源。这些物件不但能激起人们对往事的回忆，更是年轻人追溯社会发展脉络的媒介[②]。

湖南省博物馆针对在校学生，不定期举办讲座和针对学校专门设计教学课程。为了充分发挥博物馆教育功能，经与教育部门沟通，将学生参观临时展览所获取的知识变为中考试卷中的题目。2006 年 7 月，湖南省博物馆与长沙市教育科学研究院的中学历史教师联合会首次合作，成立了“长沙市中学历史教师沙龙”，会员为积极关注博物馆发展的现任历史教研员组成。教师沙龙的成立为社会教育工作带来了更大空间，针对沙龙会员，博物馆组织了观赏专场、讲座和参观考古遗址等丰富多彩的活动。沙龙会员也在教学中充分利用博物馆的文物资源，将博物馆针对中学生的系列讲座引进校园，积极推荐各种临时展览。

浙江省自然博物馆针对小学生五年级学生推出“青少年科普小

① 乌兰：《内蒙古博物院：塑造亲和力打造历史文化传播中心》，载《中国文物报》，2011-02-16（4）。
② 汤晓辉：《老物件赴港讲述 50 年变迁》，载《北京日报》，2011-07-12（5）。

讲堂活动”，鼓励孩子们将自己的科普知识、对自然探索的成果和发现与大家分享，参与的孩子们需要精心准备讲稿，在众人面前大胆演讲，“小讲堂”实际上为他们提供了一个展示自我、分享成果、锻炼能力的平台[1]。 北京大学举办“考古学与中学历史教学”培训活动，通过北京大学教师为中学历史教师讲授考古学知识和研究成果、参观博物馆和遗址、考古工地等实践活动，拓展了历史教师们的历史视野，再通过历史老师的教学，传达给学生们，有利于增进青少年对文化遗产的兴趣和保护意识，鼓励他们走进博物馆进一步学习。

美国丹佛艺术博物馆学生教学展示

博物馆通过与学校开展学教互助，可以使陈列展览与学校的教学活动建立一定联系。英国博物馆协会推出一个由 500 件展品组成的展览，由国家博物馆和地方博物馆共同支持完成，主办方是学校

① 李宏坤：《如何举办适合青少年的展览》，载《中国文物报》，2011-07-13（5）。

博物馆俱乐部，而这个俱乐部完全由学生管理，学生们在充分讨论的基础上提出展览计划，博物馆专业人员加以协助。在维多利亚和艾尔伯特博物馆、牛津大学自然历史博物馆和英国乡村生活博物馆的鼎力支持下，学生们与工作人员一起筹备展览，并有机会为这个在学校周边举办的展览挑选展品，学生们的主人翁精神也发挥到了极致。

近年来，西安碑林博物馆坚持开放办馆，在传统体制内探索管理模式、工作方式的创新，积极开展走进机关、走进军营、走进校园、走进社区、走进广场的“五走进”活动，在社会上引起积极反响。2008年制定了《西安碑林博物馆纳入国民教育体系实施计划》，秉承“让地下的东西走上来，让书本上的东西走出来，让历史的东西活起来”的宗旨，发挥馆藏书法名碑的特长，传承中华传统文化，不断增强社会教育功能，有计划地将碑林文化纳入中小学德育课程和综合实验课程，在学生教材中增加碑林文化和书法知识教育。

科学技术的快速发展不断带来文化传播领域的革命。1906年慕尼黑德国博物馆开始在展览上采用影片、互动展示单位、虚拟实景、图片说明[①]。此后20世纪50年代彩色电视问世；60年代计算机集成电路化；70年代光导纤维投入生产；80年代卫星通信投入使用；90年代信息高速公路开通。所有这一切，又带来排版印刷、音像制作以及其他信息处理技术的飞跃，为博物馆文化的传播也开拓出一片广阔的天地。如今，通过数字化、信息化、网络化核心技术的集成创新，既能实现最大程度的文化遗产保护，又能支持最大限度的文化遗产价值发掘与利用，使馆藏文物与文化遗址能被人们更好地认识与理解。

① 唐贞全：《从信息传播到注意力传播》，载《东南文化》，2011（1），83页。

数字化公共服务平台的研究与开发实施，是文物博物馆领域的一项具有开创性的重大探索。通过前期大量的调研与考察，国家文物部门选择部分城市作为文化遗产公共服务平台应用示范的备选城市。博物馆通过办公自动化信息系统，可以为用户提供一个信息管理与信息共享的平台，用户可以按照不同的性质对信息归类，然后通过信息管理系统将它们分别发布到相应的栏目中，实现信息交流与共享的目的。电子论坛系统是网上一种极为常见的互动交流服务，用于向人们提供开放性的分类专题讨论服务，将这种喜闻乐见、被公众广泛接受的交流形式引入系统内部，为博物馆业务人员提供一种网上交流的渠道和手段。

爱上这座城——故宫和小伙伴们的聚会

俄罗斯国立艾尔米塔什博物馆收藏有 270 件艺术品。该博物馆网站一直被认为是全球最佳博物馆网站之一，为迎接建馆 250 周年纪念，该馆计划与 IBM 公司合作，在 2014 年推出新的网站。IBM

公司将出资建设并维护新网站，届时，观众可在网上欣赏到该博物馆的精美藏品。IBM公司与国立艾尔米塔什博物馆合作多年，利用强大的技术手段让古老的艺术遗产重新焕发新的生命，向世人展示互联网的巨大潜力，将艾尔米塔什博物馆举世无双的艺术珍宝带给全世界①。

改扩建后的中国国家博物馆，设有300余座位的学术报告厅兼数码影院，近800座位的剧场及600平方米的演播厅，利用数码影院和剧场这一多元性的展示平台，立体形象地宣传展示中华民族优秀的文化遗产。数码影院面积500多平方米，设有264个座席。它的技术含量与设备配置在国内一流。具备数字电影服务器，3D数字电影放映机，可播放3D视频节目。数码影院与剧场的建筑构造与高性能的音响设备相呼应，坐在观众席上既可欣赏美妙的剧场音响效果又可通过音乐感受到声响的圆润。同时，国画、陶瓷器、佛造像等文化瑰宝的展示，利用高亮度投影机投射到12米×6米的大屏幕，可多角度地欣赏到清晰的画面②。

目前，数字化已经逐渐融入到博物馆的各个领域，在陈列展览方面，多幕投影、幻影成像、虚拟现实影像、数字影片等多种多媒体展示项目打破了一些陈列展览的乏味与单调。在藏品保管方面，利用智能化技术，可以根据不同材质的文物库区提供不同的温湿度。在优化服务方面，不断完善设备设施，提高人性化服务质量，不仅拥有多语种服务咨询，还可以采用多语种的个人掌上电脑导航。同时，采用先进的自动取票、验票系统，建立观众接待中心，制定集参观预约、团体参观接待、联系讲解、语音导览器租用于一体的观

① 迟润林：《俄罗斯最大博物馆与IBM共推新网站》，载《中国文化报》，2011-07-16(3)。
② 焦秀明：《国家博物馆数码影院和剧场的职能与特点》，载《中国文物报》，2011-07-27(7)。

众接待服务流程和措施等。

近年来，大英博物馆建成英国最主要的影像在线资源中心，网站以图片和电影为两大主要类别，采用关键词、位置、主题等查询模式，并向学术研究人员和专业图片买家提供高分辨率图像的下载渠道。纽约大都会艺术博物馆利用本馆藏品和资料，在原有展览基础上重新设计，并相应补充了有关的图片和文字资料，推出网络课时计划和网上教学节目，丰富访问者相关的历史知识。日本著名的数字博物馆计划是由 IBM 东京研究所与日本民族学博物馆合作的“全球数字博物馆计划”，主要是支持网络环境中数字典藏资料的检索，同时支持互动式的网络浏览、编辑，尤以博物馆教育为重点。

随着计算机技术及通信技术的进步，国际互联网络得到了长足的发展和迅速的普及，许多社会团体、单位和个人都走入了互联网络这一广阔的空间，博物馆需对此趋势做出新的审视和相应的改变，不断适应公众的需求，利用网络更好地发挥其传播的优势。今天越来越多的博物馆，从网络特性出发，利用多媒体等数字化手段来完成实际博物馆很难实现的一部分设想。在国外，有很多博物馆早已在互联网络上占据了一席之地。国内的博物馆虽然起步较晚，但是也有不少博物馆建立了网站，利用国际互联网络广泛的传播范围、快捷的传播速度，向全世界宣传自己。

数字博物馆是现代教育观影响下的信息化产物，是指将博物馆信息数字化，以专题形式集成到网站中，主要是运用网站的形式保存、管理、修复、传播博物馆优秀的文化资源。数字博物馆不仅包含了博物馆的普遍教育意义，而且可以让千千万万的民众通过网络欣赏到高雅艺术的精美，饱览难以触及的文化遗产，体现网上博物馆的教育价值。网络技术是实现各方面教育资源数字化与整合的有效工具，它可以让所有学习者访问到个性化的信息。同时，数字博物馆是一个以用户为中心的信息集散地，有助于人们分享社会进步带来的成果。

数字博物馆在资源的公开化、使用者的自主性以及展示手法的多元性等方面，突破实体博物馆的局限。现代社会紧张的生活节奏，限制一部分人不能经常性地走进博物馆。而数字博物馆不受时间和地点的限制。只要观众上网找到数字博物馆的地址，就可以进入博物馆参观，不必担心开馆和闭馆的时间限制，不会因专题展览和临时展览的时间短而错失良机。实践上的自由性与自主性吸引人们走进数字博物馆，同时也打破了地理意义上的距离，只需短短的几秒钟就可以浏览地球另一端博物馆的文物藏品，在家中、在学校或者办公室都可以尽情领略博物馆中的文物藏品。

实际上，数字博物馆不仅包括丰富的数字化资源库，而且充分利用图像、音频、视频、地图、动画，设计出具有高度亲和力的用户界面，促进资源整合和技术交流。然而，传统实体博物馆拥有的实物优势不容替代。人们在观看真实器物时所容易产生的认同感，以及真实器物所带有的文化意蕴，也并非数字化的影音文字所能完全呈现的。此外，在参观时，观众与讲解人员之间能够产生互动和交流，并由此引发进一步的参观兴趣和求知渴望，这些温馨服务的感觉，冷冰冰的电脑屏幕也难以带给观众。

实体博物馆和数字博物馆在博物馆文化传播方面各具优势。因此，在新的时代背景下，实体博物馆和数字博物馆应该共存共荣。博物馆未来的发展方向，必然是实体博物馆和数字博物馆共同发展的局面。博物馆的信息化建设也应从实体博物馆的信息化建设、数字博物馆的建设两方面进行。在某些方面，两者之间应该互为补充、共求发展。例如博物馆的最新陈列展览，展示时间及地点等信息，可以由博物馆网络得到及时、广泛的传播。观众也可以通过网络更多地了解博物馆，产生参观博物馆的兴趣，以此增加他们的参观机会[①]。

2003年，中国博物馆学会成立了以研究计算机技术、信息技术、网络技术在博物馆中的应用为目标的数字化专业委员会，宗旨是推动博物馆的数字化建设，专业范围是博物馆的信息化建设和智能化建设，主要任务是组织研究博物馆数字化的发展战略与标准规范，开展博物馆数字化的理论与工程实践的研究、探讨和交流。2006年6月，中国文物学会成立信息化专业委员会，根据国家文物信息化发展总体规划，就中国文物行业信息化的发展战略、方针政策、法律法规、管理体制等方面的有关问题进行调研，积极参与文物信息化有关立法、信息标准化、信息安全、信息网络资源平台、公共数据库建设等方面的活动，为加强文物信息基础性工作服务。

现代社会是信息社会，人们被信息包围，又在重重信息里挑选对自己有用的信息，而媒体就是把信息提供给人们的重要的渠道。博物馆文化传播要取得良好社会效益，就应该注重与大众媒体的合作，合理使用传媒工具。例如利用报刊宣传，不仅成本低，而且机动灵活，小到简讯，大到专版，翔实的报道和评析，具有较强的可操作性；随着听众和公交电台网络的发展，收听广播变得方便，因此广播成为博物馆扩大宣传的重要载体；电视以传播速度快、时效性强、生动直观而受到人们的欢迎，由于电视能够在画面中先期显示一些精美的展品，容易激发观众的参观欲望。

① 王裕昌：《刍议虚拟博物馆与实体博物馆的关系》，载《丝绸之路》，2011（2），84页、

贵州堂安侗族生态博物馆资料信息中心

新兴媒体、新型技术的出现，也突破了传统媒体在国外落地的障碍和限制，成为展示中国形象、扩大中国影响力、提高中国文化软实力的重要平台和窗口。同时，科技的高度发展改变了信息的发布方式，让每个人平等地拥有了发布信息的权利。“个个都是通讯社，人人都有麦克风”，近年来，我国互联网飞速发展。数据显示，截至 2011 年 6 月底，我国网民总数已经达到 4.85 亿，互联网普及率达 36.2%，其中手机网民达到 3.18 亿[①]。 在“13 多亿只麦克风”的舆论场内，我国社会舆论的形成机制、传播机制、干预机制、评价机制都在发生深刻变化[②]。

国家文物局组织策划的文化遗产数字化公共服务平台应用示范项目，通过沟通协调，已成功列入 2012 年国家科技部“信息产业与现代服务业领域数字文化专项”的优先启动项目，拟由浙江大学联

① 张薇：《网络文化：提速中国社会发展》，载《光明日报》，2011-09-19（2）。
② 李舫：《文化批评，我拿什么拯救你》，载《人民日报》，2011-05-06（17）。

合国内具有优势的博物馆、高等院校、科学研究机构和企事业单位共同承担实施，立足数字博物馆“五大尺度”（文物尺度、建筑尺度、遗址尺度、城市尺度、无限尺度）新理论，通过组织实施“平台项目”，以数字化形式与感知手段突破馆藏文物与遗址的物理空间隔离，实现文物与原生态环境结合、文化遗产与观众互动，最大限度地建立馆藏文物与文化遗址之间空间、时间、语义等关系，发掘并展现其文化、科学、艺术及历史价值，服务于文化创新、传播与教育。

国家文物局从三个方面组织该项目的实施，一是攻克制约我国基于数字博物馆的文化遗产公共服务平台发展的行业化核心关键技术和技术标准问题，研制文化遗产数字化专业成套系统与装备；二是构建开放的基于数字博物馆的文化遗产公共服务平台，向文物博物馆爱好者和观众提供虚拟参观、多媒体导览、行程规划、文物博物馆信息检索、互动体验等信息服务，推出数字博物馆官方网站系统、掌上数字博物馆手机应用系统；三是遴选具有丰富文化遗产资源的城市进行应用示范，促进形成文化遗产数字化公共服务与文化、旅游、影视、交通、商贸等城市现代服务行业协同发展的新业态。

随着技术的发展与人们需求的日益提高，人们正在从互联网走向“物联网”时代，专家、学者提出了智慧地球、智慧中国、智慧城市、智能建筑、智慧医疗、智慧物流等概念。物联网是在计算机互联网的基础上，利用无线数据通信等技术，构造一个覆盖世界上万事万物的网络。从技术上理解，物联网是指物体通过智能感应装置，经过传输网络，到达指定的信息处理中心，最终实现物与物、人与物之间的自动化信息交互与处理的智能网络。从应用上理解，物联网是指把世界上所有的物体都连接到一个网络中，形成“物”

联网，然后"物"联网又与现有的互联网结合，实现人类社会与物理系统的整合，达到更加精细和动态的方式管理生产和生活。

物联网简单地表述就是"物物相联的互联网"。目前，物联网已经广泛应用到仓储物流、智能楼宇、环境监测、企业管理以及各种物流管理和安防系统等领域。对于博物馆领域而言，物联网还是一个新鲜事物。但是，从技术层面来看，部分成熟的物联网技术完全可以应用到博物馆，博物馆也非常需要物联网技术的参与和支持，才能更好地发挥它文化传播功能，才能更好地实现它的历史责任和社会使命①。 针对不同性质的信息，信息管理系统可以提供信息发布、信息浏览、信息维护和个性化设置等四个基本功能。

网络化的协同办公环境为人们高效率地工作提供了必要的条件。由于网络化办公以电子化信息、网络化传输、自动化处理和数据库存储为主要特征，人们能透过系统快速方便地获取信息。面向办公核心业务流程，提供公文收发、电子公告、个人事务、邮件服务等功能，实现博物馆无纸化办公及网络远程办公，有效地提高员工的办公效率，具有高度集成、操作方便、集中管理、自动构造、易于扩充、维护方便等特点。今后如果希望了解观众有什么样的需求，保障观众参观环境的舒适度，以及人身财产的安全等，就需要借助物联网技术在博物馆中进行合理、有效的应用，才能满足观众需求，取得满意效果。

博物馆观众是指来博物馆参观并接受博物馆服务的所有人员，他们的需求虽然是多元的，但是就观众而言，参观博物馆应该是一次愉悦的体验，博物馆不仅能提供好的陈列展览，还要有舒适的环

① 刘春，彭黎明:《关于物联网技术在博物馆观众服务领域应用的思考》，载《文物保护与考古科学》，2011（3），84页。

境、舒心的服务和美好的体验。观众对博物馆的需求和期望也在不断增长。观众都希望参观所花的时间是值得的，能学到新知识和有所收获。因此如何有效提供给观众更加舒适、便捷的服务，拓展观众在博物馆内的体验，最大限度满足观众来博物馆参观的需求，是物联网技术在博物馆应用的目的所在。

今天，物联网技术已经可以基本满足大力提升服务观众的能力与效果，具备了在博物馆领域应用的一定条件，物联网技术在国内外其他行业已经广泛应用，为博物馆领域的应用提供了较好的参考与借鉴。从 2009 年起国家文物局就博物馆领域应用物联网技术进行了系列部署。利用物联网技术，更好地了解观众、组织观众、服务观众、满足观众需求，是建立博物馆观众服务应用系统的宗旨。例如博物馆观众服务应用系统由智能门禁、指示标识、多媒体导览、观众调查、环境控制等几部分组成一个完整的体系，可以大力提升博物馆服务观众的能力与效果。

目前，部分博物馆已经采用物联网技术进行了实施探索，取得了良好效果。观众还可以利用电子门票通过二维码识别器刷卡进出博物馆，更大限度方便观众参观；电子门禁每次对观众所刷二维码信息进行记录，能够合理、科学、有效地控制博物馆观众流量，调整观众入馆时间，提升接待能力。如果在展厅建设一个准确、有效、亲切、可感知的指示标识系统，包括温馨提示、位置图、服务标识等，有效地引导观众参观，也可以减少因言语不当引起的冲突，培养观众良好的参观展览习惯等①。

① 刘春，彭黎明：《关于物联网技术在博物馆观众服务领域应用的思考》，载《文物保护与考古科学》，2011（3），84 页。

中国人民抗日战争纪念馆

“一段世界史”是大英博物馆与英国广播公司（BBC）合作，以“100件实物中的世界历史”系列广播节目为核心，涉及广播、电视、网络等多媒体形式的大型公共服务项目。该项目2010年正式实行，历时5年，系列项目中的各项活动开展以后，在公众历史文化教育、博物馆社会服务、学校教育等诸多方面产生巨大影响。这个系列节目是通过大英博物馆在世界范围内独特的标志性文物收藏，由大英博物馆主管人员讲述文物藏品背后的故事。这一系列节目由英国广播公司广播电台4频道制作出品，每期节目15分钟，周一至周五播出。大英博物馆与广播电台进行这次合作，旨在确保这个系列项目能够最大限度地呈现在广播、电视、网络的媒体平台上。

对于社会公众来说，“透物见史”的理念提示了一种关注生活和历史的方式，特别是在教育方面，这一理念的正确传达，有助于青少年形成自己的历史观。另一方面，培养公众“透物见史”的思维，亦有助于引起公众对博物馆的重视，使公众在参观博物馆时获得更多的启示和更好的效果。此外，收集公众多元的历史视角，可以为博物馆的工作提供启发。大英博物馆以此为范本，鼓励其他英国国内博物馆以及普通听众在节目网站上，上传实物图片和相关的文字信息，从而构成一个独一无二的数字博物馆。由于公众视角大多集中于身边的日常生活，这也为博物馆在关注当代社会和收集当代藏品方面提供了信息和思路①。

有意识的开展博物馆公共关系活动兴起于20世纪60年代。在欧洲和美国许多博物馆设立了专门从事公共关系的部门。越来越多的博物馆认识到，博物馆要想取得发展，必须得到公众的广泛认可与支持，使公众参与到博物馆的各项活动 中来，真正感到博物馆是一个为公众服务的机构，帮助博物馆是他们的一种责任和义务，这样公众才会帮助博物馆解决资金不足或其他方面存在的问题。反之，如果博物馆与公众失去了联系，也就失去了存在的基础。因此，开展博物馆公共关系活动是为了创造博物馆自身与公众之间的友好和信任。

加拿大1400多个博物馆中，大部分博物馆85%的经费来源于公众的资助，资助的范围包括资金筹措、藏品来源、志愿服务、建筑以及日常管理费用的支出等。但是并不是所有的博物馆都能得到公众的资助，资助的多少也各不相同。这主要看博物馆自身的专业化功能和社会化职能发挥的情况，以及有意识地开展博物馆公共关系活动的情况，只有那些知名度较高、观众十分熟悉的，而又颇受青睐的博物馆，才能得到较多的资助。相反，那些展览质量差或者不能很好地开展博物馆公共关系活动，以至于公众不能了解的博物馆，就得不到资助，可见开展公共关系活动对博物馆的重要性。

---

① 孙晓晔:《展现“一段世界史”》，载《中国文物报》，2011-04-13（3）。

加拿大多伦多皇家安大略博物馆社会服务

目前，我国的一些博物馆缺少与社会公众主动进行交流，即缺少开展有意识的博物馆公共关系活动。因此，社会上只有少数民众，特别是知识分子、学生等对博物馆有较多了解，而大多数社会民众则对博物馆了解不多。例如上海博物馆在没有搬迁到人民广场以前，有很多市民不知道博物馆的功能，甚至不知道博物馆的存在。在搬迁到人民广场后，上海博物馆通过报纸、电台、电视等大众媒体加强宣传，使公众不仅了解博物馆，而且还选择适合自己的展览去参观。从上海博物馆开展公共关系活动的前后差别可以看出，有意识地开展博物馆公共关系活动，不仅能使公众了解博物馆，而且提高了博物馆的知名度。可见公共关系活动的开展对于博物馆有着十分重要的现实意义[①]。

志愿者制度在发达国家的很多博物馆已经开展多年，并取得

① 李让，李文昌主编：《博物馆的记忆与想象》，北京，学苑出版社，2005。

了一定的成果。在 1975 年美国博物馆中个人工作的 57%，就已经由 6.22 万人次的志愿者承担。1991 年调查显示，美国 5000 多座博物馆中，有 3000 多座博物馆引进志愿者制度，在全美博物馆共有志愿者近 38 万名，志愿者全年为美国各类博物馆提供 205 亿小时服务，创造经济价值约合 1760 亿美元。其中大都会艺术博物馆有志愿者 1400 名左右，另有近 2000 份申请等待候补；克利夫兰艺术博物馆有 1300 多名志愿者；盖蒂博物馆，也以拥有超过其员工 2 倍的志愿者而自豪；美国的许多小型博物馆基本上依靠志愿者维持其日常工作。

美国盖蒂博物馆

实际上每一位志愿者都有自己的品位与追求，有自己的境界与底线，有自己的志向与抱负。应该为志愿者搭建更广阔的展示舞台，让他们通过博物馆公共平台，将博物馆文化更多地带给广大民众，使他们为博物馆发展做出无私贡献，让更多的社会公众知晓，从而感动并带动更多民众参与到博物馆事业中来。湖南省博物馆的志愿者队伍不断扩充，人员结构也由在校大学生的单一群体发展为由在校学生、在职工作者和退休老年人组成的综合群体。为了确保志愿者的服务质量，博物馆逐步完善志愿者管理档案，同时，加强志愿者的培训考核，培训内容不断扩充，培训形式更为新颖。

志愿者服务活动是以社会力量服务社会公众、提升公众参与意识、提高博物馆社会影响力的重要途径，也是博物馆实施开门办馆、完善服务体系的重要方式，为公众进行文化体验、发现历史记忆搭建了桥梁。博物馆志愿者的工作范围广泛，除了没有报酬外，几乎包括博物馆的所有工作，只要具备相关的行业知识、经验、兴趣和热忱，志愿者都可以参与其中，其工作岗位大多与正式员工完全一样[①]。 河南博物院大力发展博物馆志愿者，基本队伍保持在300人以上，志愿者活动的内容与形式丰富多彩，且日趋国际化。由志愿者团队创办编辑的《蒲公英报》，向全社会解读志愿精神，传递志愿者资讯信息。志愿者服务已成为河南博物院服务体系中的重要力量。

自2006年7月河南博物院举办首届“国宝讲解小明星暨小志愿者选拔”活动以来，已圆满举办了5届，活动以丰富青少年文化知识、拓展视野、提高素质为目标，以“探索和讲述文物背后的故事”为主题，以国宝知识讲座、讲解技能培训、小志愿者选拔比赛、经典手工制作为主要活动形式，主题鲜明，内容丰富，对提高青少年的实践能力、公益意识和历史文化知识起到了积极的作用。同时，活动经过初赛、复赛等形式，评选出的“国宝讲解小明星”成为河

① 丁福利：《大力推进博物馆志愿者工作》，载《中国文物报》，2009-11-25（4）。

南博物院的小志愿者，目前已经成功地选拔出125位成绩突出、能够较好适应岗位要求的中小学生加入博物馆志愿者服务行列。

考察国庆节第二天参观环境

为了更好地发挥志愿者的作用，吸纳更多的志愿者进入博物馆，博物馆应提高对志愿服务的重视程度，优化志愿者群体的人员结构，改善志愿者群体的知识结构，提高志愿者群体的专业技能，以改变志愿者队伍年龄结构偏低、服务岗位单一、流动性过大、专业性不足等缺陷，建立起适应博物馆实际需求，且具有较高专业水准的较为稳定的志愿者队伍。2007年2月，宁波博物馆首次面向社会公开招募志愿者。该馆从战略角度出发，在志愿者理念与服务模式上进行了一些探索性的实践，努力将志愿者队伍培养成为一支推进地域文化和多元文化传播、提升城市文明水准，促进社会和谐不可或缺的积极力量，帮助博物馆承担文化遗产保护、文明传播、国民教育的社会责任。

博物馆使命与文化公共权益保障①

（2014年2月10日）

早期传统博物馆虽然设置了教育传播职能，但是其教育传播的对象，却只是少数的精英阶层，多数的社会公众难以有机会进入博物馆参观。这种情况伴随着时代的变迁、历史的进步虽然有所改观，但是不容置疑的是，传统博物馆核心要素是博物馆藏品，就是说博物馆的主要任务是照看好文物藏品，即使是向社会公众宣传、展示、普及，也还是以文物藏品为中心开展，很少顾及社会公众的需求与感受。博物馆的发展趋势表明，随着社会的发展和人们知识水平的提高，参观者已不再满足于只欣赏文物展品，而更多的是想探求文物展品背后所蕴藏的文化内涵，甚至将所喜爱的文化融入自身生活之中。

文化的价值和意义永远在于对人类社会的思想启迪、精神引导与道德提升。今天，在物质生活不断改善的同时，文化园地不应贫瘠，精神生活不应饥渴。在当前社会思想意识日益多元、多样、多变，文化领域庸俗、低俗、媚俗之风盛行的情况下，如何使历史在当代人手中真实地延续，如何使子孙后代在感受现代文化浓厚气息的同时，依旧有机会陶醉于传统文化的享受之中，沐浴中华文明的恩泽，需要博物馆重新审视自身的性质与功能，担当起文化传播的

① 此文发表于《四川文物》2014（1），66页。

责任。现代博物馆不再是简单的文物标本的收藏、展示、研究机构，而应该成为面向社会、服务公众的文化教育机构和信息咨询机构。

费孝通先生指出“由于文化的隔阂而引起的矛盾，会威胁人们的共同生存。”他所提出的“文化自觉”，使人们认识到人类是需要通过改变和强化他们的价值体系、知识、技术和制度来改善人与人、人与自然的关系，保证人类与他们的生存环境的平衡。所以在“心态”的层次上，人们需要建立引导人类自身和人类与自然和平相处的观念，了解人类与自然界的真正和谐的关系。文化如水，滋润万物，悄然无声。“文化自觉”的基础是人与人之间的相互尊重和关心，加强对不同种族的存在权和不同文化需求的理解，保持对自然的敬畏与顺应[①]。

媒体文化研究者和批评家 N. 波兹曼（N.Postman）曾经对 20 世纪后半叶美国文化中最重大的变化进行了深刻的探究。在《娱乐至死》一书中他认为，随着印刷术时代步入没落，电视时代蒸蒸日上，电视改变了公众话语的内容和意义，政治、宗教、教育和任何其他公共事务领域的内容，都不可避免地被电视的表达方式重新定义。电视的一般表达方式是娱乐。因此，他发出警告式预言：“一切公众话语都日渐以娱乐的方式出现，并成为一种文化精神。我们的政治、宗教、新闻、体育、教育和商业都心甘情愿地成为娱乐的附属，毫无怨言，甚至无声无息，其结果是我们成了一个娱乐至死的物种。”[②]

今天迅速变化的社会形态，迫切要求博物馆站在人类共同文明的高度，以全新的视角，寻找和规划更有效保护和传承中华文化的

---

① 章义和：《费孝通先生的“文化自觉”》，载《群众》，2010（9），26 页。
② 黎飞潇：《低俗之风亦起于青萍之末》，载《中国青年报》，2010-08-23（2）。

方法。假如博物馆文化不能摆脱习惯思维，不能走下圣坛，不能走进民众，贴近民心，不能产生广大民众感受得到的文化影响，就不可能成为国家和民族精神的支柱，就不可能体现出魅力和多彩。文化决定着全民的素质。人们不但需要物质的富裕，而且需要精神的富足。对于主流文化的重塑，博物馆负有不可推卸的责任。今天，博物馆应该成为愉悦人们身心的精神家园，成为提供文化财富、精神食粮的地方，成为弘扬主流价值、人文精神、社会正义的场所。

博物馆文化是对于人类精神需要的满足，是对于人类生活质量的提高，是对于人类文化理想的寄托，是对于人类历史文明的凝聚。观众在博物馆文化环境中，跨越时空探寻文明的足迹，博览人类历史文化的丰富内涵，减轻现代社会快节奏的压力，提高文化素质、提升精神境界。只有博物馆文化大众化，才能真正成为主流文化，才能成为历史的庄严、世界的光明和温暖的源泉。面对文化领域的平庸化、低俗化倾向，博物馆应牢记文化良心和职业操守，敢于扬清激浊，以敏锐的洞察力，将正确的价值观植入社会民众的日常生活，使之成为日常生活中的自觉选择。

联想近年来发生的一系列博物馆“事件”，使人们认识到，我国博物馆与公众的交流和互动尚不畅通。“迅速的扩张与免费开放，使得原本躲进小楼成一统的博物馆不得不面对观众的拷问，满足观众的知情权”。社会公众对博物馆的了解太少，对博物馆业务的分工、任务、目标、程序、方法、标准所知甚少。人们对博物馆“事件”的热议，反映的是公众对真实信息的渴求，希望与博物馆员工坦诚交流，也希望对神秘的博物馆业务有切实的感受。为让人们知道真实的博物馆，获得公众的理解，博物馆需要打开大门，掀起后台的幕布，展示博物馆工作的成果，坦承博物馆面临的挑战和困难。

每年的国际博物馆日，一些博物馆组织开放活动，邀请有兴趣、有困惑的人们进入博物馆，参观博物馆藏品库房、藏品登录工作室、研究室、藏品保存实验室、计算机机房、展览制作间等工作场所，看一看博物馆业务如何运转，与博物馆员工就工作状况交换意见[①]。山东省博物馆作为全省综合性博物馆，目前馆藏文物13余万件（套）。为使广大观众了解山东历史，感受齐鲁文化，山东省文物局于近日启动“观众最喜爱的山东博物馆十大镇馆之宝评选活动”。经普选和专家评选，最终由广大观众通过现场投票、登录山东博物馆网站投票、齐鲁电视台短信投票、齐鲁晚报邮寄投票等方式，评选出观众最喜爱的十大镇馆之宝[②]。

山东省博物馆“十大镇馆之宝”揭晓仪式

① 宋向光：《博物馆如何直面公众质疑》，载《中国文物报》，2011-09-07（5）。
② 汪海涛：《山东启动“观众最喜爱的山东博物馆十大镇馆之宝评选活动”》，载《中国文物报》，2011-01-28（2）。

博物馆代表民族的文化经典，彰显民族文化创造的高度。今天，各具特色的博物馆大量涌现，作为了解历史、汲取知识、欣赏艺术，陶冶情操、交流信息、接受教育的文化场所，价值导向作用日益凸现。博物馆观众是动态的群体，随着时代的发展不断发生着变化。K. 赫德森（K.Hudson）认为“好的博物馆基本上是一个永不停歇的实验室，在这里检验的结果使人能以更充实的知识开始下一次的实验。反馈要有价值的话，必须是连续不断的，而且首先它必须转变为行动。这样，观众虽然也许并没有意识到，然而正是他们在创造着自己的博物馆”[①]。

针对博物馆观众，利用多种信息渠道，进行多种方式的调查，不仅可以为博物馆文化传播的开展提供依据，而且可以使博物馆活动更加贴近民众生活。构建博物馆与公众、社会互动的发展理念，是新时期对于博物馆的要求。21 世纪是信息交流的时代，公众通过博物馆网站可以了解博物馆相关信息、活动和服务，可以留言和建议，打破了时间和空间的限制，使博物馆宣传和教育产生历史性变革。博物馆与社会公众的信息交流已经不再是单向直线式传播，而是多级互动式传播。这就要求博物馆从人们的现实文化需求出发，注重文化传播方式的通俗化和大众化，增加互动和沟通的活动项目，完善人性化的服务设施。

在我国，根据相关文物保护法规，博物馆有责任制定具体的保护文物展品措施，同时，博物馆也有责任最大程度地保障观众的文化权益，需要尊重全体民众的文化权利。在博物馆展厅内，对于文物展品是“禁止拍照”还是“允许拍照”，需要在保护文物展品安全和保障观众文化权益之间进行权衡。目前，“禁止拍照”被大部分博

① 付建中：《构建博物馆与公众社会的互动》，载《中国文物报》，2010-08-04（4）。

物馆视为保护文物展品的具体措施，其最主要原因是认为拍照和摄影时，闪光灯对于文物展品有所伤害。但是，越来越多的专业人士质疑闪光灯对文物展品的破坏作用，更经常有参观者质疑“禁止拍照”的合理性，甚至认为是“霸王条款”。

2005年在广州召开的“5·18国际博物馆日”馆长论坛上，有关专家提出博物馆“禁止拍照”的禁令不合理，拍照对于文物展品的影响和损害微不足道，并以法国曾经做过的试验为依据，证明拍照时的闪光对文物展品的影响几乎可以忽略不计。因此，世界上大多数博物馆一般并不禁止参观者拍照，目前，我国越来越多的博物馆，对于大部分文物展品，例如青铜器、陶瓷、玉器等都允许拍照，而不允许拍照的则仅仅是少量纸质品、丝织品等被认为易于受光照损坏的文物展品，但是，如果参观者不使用闪光灯，一般也允许拍照，被禁止的仅是那些使用大型器材、三脚架，有明显商业性质的拍照①。

2010年6月，法国奥赛博物馆出台了一条新的规定，禁止在博物馆内的所有展厅进行拍照和摄影。这一规定一经宣布，立即引来无数质疑。奥赛博物馆方面对禁止拍照规定的解释是，此举是为了营造更为良好的参观展览环境，因为拍照和摄像会影响观众在博物馆内的自由通行，影响其他观众的观赏。不过，这个解释显然还是不能说服持不同意见的社会民众。法国卢浮宫艺术博物馆、英国大英博物馆、美国大都会艺术博物馆和俄罗斯埃米塔什博物馆等世界著名博物馆，都并没有禁止参观者拍照②。 因此，博物馆应该考虑如何从制度和技术层面入手，既保证对博物馆文物展品的保护，又增强服务社会公众、传播博物馆文化的意识。

---

① 刘志玉：《再说博物馆拍照问题》，载《中国文化报》，2010-06-26（3）。
② 李丽：《在展厅，能否举起你的相机？》，载《中国文物报》，2009-08-05（3）。

不久前，凡尔赛宫甚至举办了一个名为“凡尔赛掠影”的摄影比赛，鼓励摄影爱好者在博物馆内拍摄出好的照片。他们认为允许观众在博物馆内拍摄照片，有利于博物馆文化和文物展品知识的普及。人们不大可能有机会亲自参观分散于世界各地的所有博物馆，如果能欣赏一下亲朋好友拍摄的博物馆文物展品照片，也是一个间接参观和学习的过程。在不涉及知识产权问题，不妨害文物展品安全的前提下，在博物馆内拍摄照片非但不应该被禁止，而且应该被提倡。博物馆是为全体公众服务的文化设施，对于社会公众的合理要求，应该尽量予以满足。

法国凡尔赛宫博物馆

社会成员是构成社会的基本细胞，博物馆通过努力帮助社会成员更全面、更和谐地发展，是其致力于社会和谐的重要方面。博物馆社区工作的开展，首先要研究分析城市中社区形态特征，通过相关分析得到较为可靠的丰富信息资源。根据社区功能布局、社区人口构成、社区面积指标等情况分析，形成博物馆社区工作实施计划和措施。博物馆的服务对象是整个社会的广大成员，不仅其服务对象具有广泛性，提供的知识内容具有多样性，并且服务方式生动形象。因此，需要针对不同的社区，采取不同的对策。

例如在企业集中的社区，企业文化成为社区文化的重要组成部分，需要深入到每一家企业，调查文化资源，建立网络化档案，以资源共享的模式把它们联合起来，帮助企业策划展览；在老年人聚居的传统社区，博物馆以家庭文化、老年文化为切入点，把握“老而思乐，老而思学”的脉搏，不断选择新的角度，适合老年人的身体特征，满足老年人的愿望，使老年人有一种“归宿感”和“认同感”；在进城务工人员聚集的城乡结合部社区，采取浅显通俗轻松的活动形式，发挥博物馆对文化的整合功能，把进城务工人员保留的乡村文化中的重精神、重礼仪、重道德、富有人情味和乡土气息的精髓发扬，同时，向他们传播城市文明的现代精神和健康的生活方式，提高人们的文化素质①。

博物馆发展是一个动态过程，是博物馆内部因素与外部条件共同参与作用，由博物馆和社会各界，以及利益相关者共同推动促进的结果。“博物馆界应树立合作竞争的新观念。只有通过合作与协作，把自己的藏品或技术拿出来与别人的优势合作，才能在竞争中发现对方的优势与自己的劣势，从而更好地学习别人的经验、长处，弥补自身的不足和局限性。加强合作、强强联合将是博物馆未来发展的趋势”②。 因此，在强调不断强化内部积极因素，发展博物馆事业的同时，还应该积极寻求来自社会各界的支持。为此，博物馆

① 蔡琴：《博物馆与建设社区：以浙江为例》，载《国际博物馆》，2006（2）120页。
② 冯朝晖，雷亮中：《博物馆体制创新与实践创新》，见《博物馆观察——博物馆展示宣传与社会服务工作调查研究》，146页，北京，学苑出版社，2005。

应广交朋友，重视公共关系对博物馆发展的影响。

“那些在保护和传承文化传统和文化特性的目标下，与博物馆志趣相投、目的相同的社会组织和个人都是博物馆的朋友，那些希望和支持博物馆实现其积极的社会作用、从博物馆的社会作用中获得利益的社会组织和个人，即博物馆存在、发展、效益和成果的直接受益人、间接获益人和相关利益人，都可成为博物馆的朋友”[①]。因此，博物馆要确立其存在的社会意义，就要与那些有利于和有助于博物馆实现工作目标的社会组织和社会民众，建立密切的联系。事实上，博物馆实施免费开放，进一步拉近了博物馆与社会的距离，加速了博物馆融入社会的进程。

陈列展览是博物馆进行文化传播、实现自身价值的基本途径，但是陈列展览只是针对进入博物馆参观的观众，而由于种种因素的限制，到博物馆参观的社会民众毕竟十分有限。特别是在当今信息社会，传播决定影响。谁的传播能力强大，谁的文化理念和价值观念就能广为流传。因此，必须花大力气拓展博物馆文化传播渠道，丰富传播手段，构建覆盖面更加广泛的博物馆文化传播体系。今天博物馆的文化传播活动，已不局限于博物馆馆舍，而是扩展到了整个社会。宋向光教授认为，只有分享，只有博物馆与观众之间形成平等、对话、尊重和民主的关系，人们才会乐意来博物馆。

面对多元化的观众，博物馆要根据不同观众群体的特点和需求，提供多样性和针对性的教育活动，博物馆可以根据观众群体、教育活动种类和时间等条件组织丰富多样的文化活动[②]。目前越来

① 李玫：《城市博物馆的空间拓展》，载《中国博物馆》，2008（3），91页。
② 宋向光：《愉民育民 不辱使命》，载《中国文物报》，2008-04-25（6）。

越多各具特色的巡回临时展览成为博物馆文化传播的手段，巡回临时展览可分为两类，一类是博物馆之间的巡回展览，例如国家博物馆的“国家宝藏——国家博物馆精品展”、南京博物院的“清代官窑瓷器精品展”等，在各地博物馆巡展，既促进了馆际文化交流，又带来良好的社会经济效益。另一类是深入社区的巡回展览，例如郑州博物馆2006年组织举办了“河南古代文明”“孔子故事展”等专题展览，深入校园、社区，受到青少年的喜爱和社会民众的广泛好评。

随着生活水平的提高，我国公众对文化的兴趣日趋增长，但是在很多地方，博物馆并未成为社会文化生活的热点，博物馆的社会影响力仍然有限。今天人们的生活节奏不断提速，但是人们的心灵却缺少营养。博物馆文化能够营养人们的心灵，而心灵获得营养，将会改变生活态度，对未来充满希望。博物馆宣传起到预期效果的关键，是要了解观众、研究观众、吸引观众、留住观众、服务观众。博物馆的宣传应充分利用社会各种资源和力量，尤其是发挥媒体的宣传作用。通过大众传媒的宣传，博物馆举办的一些临时展览和特色活动，成为当地的公共文化事件，为博物馆积聚高涨的人气，扩大社会影响力，获得良好的综合效益。

湖南省博物馆通过一系列宣传，使马王堆汉墓陈列迅速成为湖南文化旅游的直接目标和目的地，成为全省排行首位的人文景观。奥地利萨尔茨堡博物馆尝试用不同艺术品的交叉展示，以及文物展品与现实社会生活的横向联系，来吸引观众，取得了令人意想不到的效果。其中“萨尔茨堡人物”展览，每次轮流展示200位萨尔茨堡重要公民中的9位肖像，给观众提供了各种感官与智力体验。“儿童世界”则以小手册和特殊活动站的形式，给儿童提供了一个博物馆的神奇之旅，而且博物馆展厅到处都有专供儿童出入的空间[1]。

当前，博物馆的社会教育应与学校教育相结合，为学校教育提供服务。为此，博物馆要研究学校、教师如何更好地使用博物馆资源，直接为学校课堂服务。上海博物馆把自编的进修课程教材《博物馆概论》《文化中国》《文物学概论》挂到了上海市教育委员会的教师进修网上，并与相关部门协商设置了学分。教师登录后，修完课程，论文通过就能够得到学分，博物馆的文化资源得以更加充分的利用。同时，上海博物馆为中学教师开办研习会，为学校和老师提供新的教学资源，与很多中小学校找到了切合点[2]。

博物馆是公众的事业，无论是陈列展览、社会教育还是学术研究，都应该加强与公众的互动交流，公众的需求就是博物馆的追求。中国国家博物馆配合中小学教材，编辑《中国历史》《社会发展史》等教学幻灯片，中小学《历史教学挂图》等形象的教学参考资料。内蒙古博物馆为小学教学大纲所策划的“学生综合实践课”，设置了一整套教学方案，例如开设化石形成与野外包装、环境保护，以及石器打制、青铜器铸造、陶瓷制作、蒙古包搭建、奶制品制作等课程。赣州市博物馆参与教育局主编《赣南历史》乡土教材，株洲市博物馆与株洲市景炎中学合作编写地方史校本课程，都将参观文物古迹和博物馆纳入课时。

随着我国博物馆事业的迅猛发展，每年越来越多的临时展览得以举办。相对常设展览来说，临时展览不但能更为广博地传播文化信息，而且往往更加富有创意色彩和灵活特性。今天人们希望在较短的时间尽可能多地接触新鲜事物，获得不同地体验与惊喜。因此，

① 安跃华：《2009 年欧洲博物馆年度奖评介》，载《中国文物报》，2009-11-04（8）。
② 李艳：《东南地区博物馆调研纪行》，载《博物馆观察——博物馆展示宣传与社会服务工作调查研究》，38 页，北京，学苑出版社，2005。

成功的临时展览倍受观众欢迎，也成为博物馆得以良性发展，提高知名度、美誉度的重要举措。博物馆应当具有敏锐的社会观察力，在条件允许的情况下经常举办相关临时展览，向观众宣传时代精神，弘扬进步文化。选题正确是临时展览成功的关键。

博物馆陈列展览是在一定空间内，以文物展品为基础，配合适当辅助展品，按照一定主题、序列和艺术形式组合而成，进行直观教育、传播文化科学信息和提供审美欣赏的展品群体。陈列大纲是针对陈列展览题目设计的指导方案，是展览的核心线索和框架结构，同时左右着展览形式的风格。临时展览的陈列大纲多种多样，没有固定的模式，原则在于清晰明了地展现内容，突出主旨。博物馆举办临时陈列展览的目的，是让尽可能多的观众前来参观，从中得到收获。博物馆应不断探索紧扣时代脉搏，特色鲜明的临时展览主题，使临时展览更具可操作性、创新性，防止展览内容与形式千篇一律。

日本博物馆的临时展览内容策划不完全由博物馆自身承担，博物馆之外的其他相关机构也可以根据各自需要，制定相应的临时展览内容策划方案。这其中与媒体机构的合作是最有日本特色的临时展览策划方式，也是日本临时展览策展过程中最为常见、所占比重最大的一种方式。媒体机构根据其掌握的观众信息，进行临时展览内容策划后，将方案提交给博物馆，博物馆经过讨论认为可行，就会与媒体机构反复磋商后付诸行动。通常一个临时展览，新闻媒体机构为了能够达到赢利的状况，会采取各种方式进行广告宣传，而有效的宣传手段，能够为展览赢得更多的观众。

在这一合作过程中，博物馆的责任是，展览方案策划、展出形式设计、展览场地提供、专业技术支持、为协办方举办特殊参观和活动等；新闻媒体机构的职责是，参与展览方案策划、负责临时展览所需的所有经费，从展览所需国际旅费，到展品借用费、包装费、运输费、保险费、会场展示经费、宣传广告费、图录制作费、会场警备和清洁的人力费、暖气光热费等。事实上，日本博物馆的临时展览预算，一直非常有限。与媒体机构合作的临时展览，由于媒体机构承担临时展览的大部分经费，无论从资金方面，还是从广告宣传角度看，都具有吸引力。因此，为了博物馆，尤其是公立博物馆的正常运营，与媒体机构合作举办临时展览的模式已经成为不可或缺、必不可少的方式[①]。

在广东，历经数百年沧桑的“南海Ⅰ号”，从成功出水，到进入博物馆对外展示，增强了阳江市民对这座城市的认同感和归属感。2010年“五一”长假期间，“南海Ⅰ号”沉船和广东海上丝绸之路博物馆，吸引着社会各界的目光，3 天里，博物馆接待参观者达到 1.6 万人次。在“南海Ⅰ号”文化现象的带动下，海陵岛文化旅游更是大幅增长。2009 年，全年进岛游客首次突破 200 万大关，达到了 222.3 万人次，同比增长 30.7%；旅游总收入达到 10.68 亿元，同比增长 39.6%[②]。

在成都，“太阳神鸟”成为文化使者，衔着金沙遗址的古老文明，通过音乐剧、蜀绣、诗歌创作、城市雕塑，将金沙遗址所展示的文化信息传播至四面八方。一系列关于“金沙文化品牌”的宣传，迅速为金沙遗址博物馆注入深刻的城市文化，使考古遗址的文化力量影响到城市的经济、文化乃至生活。在重庆，红岩联线确定了自己的发展思路。对外增强吸引力、对内增强凝聚力；抓效益求发展、搞创新树品牌。在这个发展思路的指导下，红岩联线建立了策划、设计、制作以及演出等专业队伍，并且研发出了展览、展演、报告、

① 董丹：《中日博物馆特展策展比较》，载《中国文物报》，2011-03-23（8）。
② 张文兵，黄娟娟：《精心擦亮世界级文化名片》，载《阳江日报》，2010-05-14（1）。

书刊、网站以及夜游等六大系列文化项目，以及红岩文化室、话剧《小萝卜头》、京剧《江姐》、书籍《红岩档案解密》等。

进入 21 世纪，博物馆事业步入了全新的时代，特别是博物馆发展与社会各界的关系越来越密切，彼此之间互动性也更为明显。在法国，一个城市之内的博物馆群体，往往会建立联合会，不同城市中展示同类展品的博物馆之间，也会形成一种联盟，每年都会有固定的时间和场所供社会各界相互交流。这样就构成庞大的信息库，人们能够以较快的速度找到所需要的文化信息，最大限度地实现资源优势互补。目前在我国博物馆开展公共关系活动的环境和条件都已成熟，人们希望走进博物馆这部立体的百科全书，补充知识，陶冶情操，这就为博物馆公共关系活动的开展提供了广阔的空间。

伴随全民文化素质普遍提高，博物馆收藏的文物珍品，对于社会公众具有更大的吸引力，公众需要博物馆通过大众媒体把馆藏文物信息传播给他们，使公众了解博物馆，而目前越来越多的传媒方式，例如电视、电台、报纸、杂志、网站等，都为博物馆公共关系活动提供了便利的条件。从本质上看，博物馆作为公共文化设施，所有工作都应该围绕社会公众文化需求而展开，发挥传播文化的功能是义不容辞的责任。为此，博物馆要不断更新网站，保证网页新鲜时尚。除介绍展览外，相关的文物知识、有趣的热点甚至简单的游戏，都可以成为吸引社会公众的地方。

信息化建设是一个多学科、多领域、知识密集型的高科技领域，特别是相关知识更新快，新理论、新概念、新方法、新工具层出不穷，因此博物馆的信息化建设也需要与时俱进。当前应不断扩大和完善全国博物馆展览交流信息平台，将全国可以交流的博物馆陈列展览的供、需双方信息发布在信息平台上。目前国家文物局网站所运行的“博物馆展览馆际交流”平台，需要在原有系统的基础之上，构建面向博物馆、学校、社区等不同机构、类型多样、配套设施完备的全国博物馆展览交流信息网，为各地区、各行业博物馆提供合作的机会，扩大跨地区、跨行业、跨类型的博物馆陈列展览交流，促进各地博物馆陈列展览和其他专业工作的相互支持。

一个陈列展览即使设计制作均十分成功，但是如果没有得到成功的宣传，往往难以取得预期效果。因此，应根据不同陈列展览的不同需要，通过报纸、杂志、广播、电视等大众媒体，折页、海报、灯箱、广告等公共媒介，以及网络等信息手段，对于陈列展览进行立体宣传。上述不同的宣传手段，具有不同的优势，也针对不同的受众，各种宣传手段互相配合、形式统一、特点鲜明，可以取得更好的效果。同时可以通过访谈、讲座等一系列专题活动，将陈列展览更加广泛介绍给社会公众。

日本中国国宝展

今天，观众已不再满足于只欣赏珍贵的文物展品，更多想探求文物藏品背后所蕴藏的文化积淀，甚至渴望将某一部分特别喜爱的博物馆文化信息加以提炼，融入自己的生活之中。在这种形势下，如何利用互联网络这种新的信息传播手段，为大众提供信息服务，推动博物馆事业发展，就成为每一座博物馆都必须认真考虑的问题。博物馆要充分发挥现代传播网络的巨大作用，通过网上发布文物、博物馆知识、展览资讯、本地区历史文化介绍，以及网上办展的形式扩大传播的辐射范围，使博物馆能够跨地域发挥作用，让更多的人能够通过网络了解博物馆的展览内容，获取各种知识，是博物馆调整服务方式、延伸文化服务功能的良好平台。

博物馆网站功能强大，使用者无论是否是博物馆的实地参观者，都可尽享其系列服务。以美国史密森学会自身网站为例，2009年的访问量高达1.88亿人次，它下设12个门类，包括研究、会员、捐赠、商店、新闻发布等内容。而在“活动”一栏中，浏览者可以直接输入活动名称，亦可根据日历，查看每日史密森学会及其下属博物馆的各项活动，可以一览无余，选择自由。而“参观”一栏，提供了诸如博物馆商店、博物馆餐饮、衣帽间等实用讯息，周到细致，让人倍感史密森学会的职业精神和温情[①]。

传播学大师麦克卢汉说：“媒介是社会发展的基本动力，也是区分不同社会形态的标志，每一种新媒介的产生与运用，宣告我们进入了一个新时代。”[②] 微博是“微型博客”的简称，2006年最早出现在美国，2009年引入我国，因其发布、传播信息与博友互动交流的方便快捷而发展迅猛。我国内地最早开通微博的博物馆为深圳博

① 郑奕：《在史密森尼博物馆中尽享自由》，载《中国文物报》，2011-04-27（4）。
② 卢毅然：《2011年：博物馆微博“闹”新年》，载《中国文化报》，2011-01-31（4）。

物馆，于2009年10月开通。从2010年开始，近20家国立博物馆和民办博物馆先后在各门户网站以馆方名义开通微博，加上其他博友开通的“非官方”博物馆主题微博，仿佛一夜间在互联网形成一个“博物馆微博团队”。

如今，博物馆的展览、活动信息通过富有亲和力的微博平台即时发布，专业人士和普通网民围绕博物馆服务公众等话题随时在线交流。“在人们印象中或‘老成持重’或‘养在深闺’的博物馆，从未如此‘青春焕发’，从未如此走近普通社会公众”。“在网络开办官方微博的目的，就是希望在当今信息化社会与公众加强沟通交流，开创一个‘博物馆回答问题的时代’”。轻松活泼的风格、无微不至的在线交流，缩短了博物馆与网友的距离，使服务公众的博物馆切实走近公众。“微博可以将博物馆的动态信息更广泛地传递给大众，可以实现博物馆与大众在信息上及时地互动交流”。

《建筑师的童年》首发暨出版座谈会

博物馆作为文化教育机构，常年对公众开放，而博物馆志愿者的参与，给博物馆增添了新的活力。博物馆有效运用志愿者人力资源和智力资源，对博物馆自身发展及其功能的发挥具有直接而重要的现实意义，可以提升博物馆的服务品质，扩大服务层面，使有限的资源与无尽的服务需求有效配合；可以增加文化人口，匡正社会风气，培育公民关注社会以及服务民众的美德；可以直接或间接地节约博物馆经费开支；可以使博物馆的运行进一步融入世界潮流，促进博物馆领域更好地开放、交流与发展；可以吸引更多社会力量，参与推动博物馆事业，使博物馆更好地根植于民众，更加符合社会化趋势的要求。

现代博物馆的特点之一，就是博物馆拥有自己的志愿者，并开展博物馆志愿者活动。志愿者是具有较高个人素养、热心社会公益事业、对文化活动表现出极大关注，还非常乐于并能够为博物馆承担一部分力所能及工作的社会人士。一个人特别是青年人拥有志愿者的经历，将会对其今后的人生道路起到十分良好的导向作用。同时，博物馆志愿者利用自身优势，在对外联络、观众组织、社会调查、网页制作、外文翻译、活动策划、专题培训和工作监督等方面，有着更为广阔的用武之地。博物馆不但要乐于接纳志愿者的无私奉献，还要满足他们的精神和物质需求。

对于志愿者服务，博物馆要树立互利和双赢的意识，从而避免志愿者只是无私付出的偏颇认识。对于志愿者来说，在不计报酬、无私奉献的前提下，也可以实现自己的一些愿望，例如可以经常免费参观相关博物馆的陈列展览，学习相关知识；可以结识共同爱好者和新朋友，锻炼自己的社交能力；可以充实自己的业余生活，开阔眼界，增加人生阅历；可以得到发挥自己的能力、受到人们尊敬的机会，实现自我价值等。博物馆在不损害本身利益的条件下，应尽量甚至创造条件满足志愿者的合理愿望。同时博物馆对于志愿者在参观、听讲座、馆内餐厅商店消费等活动上也应给予一定的权利和优待。

博物馆志愿者除具有一般志愿者“自觉自愿，不计报酬”的普遍特点外，还有其自身特点，即身份的双重性。他们既是博物馆的观众，又是博物馆的工作人员，也可以说既是博物馆精神产品的享用者，又是其创造者。他们既是博物馆工作的参与者，又是博物馆工作的监督者。志愿者来自社会，而且是社会中最关心博物馆的群体。志愿者在博物馆的广泛参与，既使博物馆更多地得到社会的支持和帮助，又使社会更好地了解与认识博物馆。更为重要的是，志愿者活动的深入开展使博物馆自身日益融入社会，社会公众的博物馆主人翁意识和关心博物馆公益事业的热情不断得到加强。

博物馆作为公益性的社会文化教育机构，既要服务社会公众，又要依靠社会公众的支持和帮助。志愿者能够很好地拉近博物馆与观众的距离，是博物馆服务队伍的补充和延伸，把博物馆理念、博物馆知识、博物馆文化进行更为广泛的社会传播，他们积极而又广泛的参与，将博物馆的活动信息源源不断地带到身边亲人、朋友之中，为博物馆创造更加广泛的社会影响，成为博物馆与社会沟通的纽带和桥梁，对博物馆为社会和社会发展服务起到积极的推动作用。通过志愿者，博物馆得以及时了解社会对博物馆的需求，同样，博物馆的情况也能及时传递到社会，促进了博物馆与社会的了解与沟通。

2010 年 11 月 8 日，国际博物馆协会第 22 届大会两个开放论坛之一的“全球博物馆志愿者开放论坛”，在上海世博中心举行。国内外嘉宾围绕“交流·创新·进步——21世纪博物馆志愿者文化与志愿精神”主题，就当今博物馆志愿者文化的前沿理论、发展模式等议题，进行了探讨和交流。作为“为社会及其社会发展服务”的公益性机构，博物馆是最能够也最应该发挥志愿者作用的领域之一，志愿者也是博物馆的积极参与者和支持者。弘扬博物馆志愿者文化与志愿精神，培育壮大博物馆志愿者队伍，创造适当的环境，使志愿者的工作更有意义和成效，并达到共同的目标，是博物馆界乃至社会共同高度关注的重要命题。

论坛号召要增进参与志愿服务的个人和组织与博物馆之间的联系，加强合作，推动社会各方广泛参与博物馆的各项工作，特别要培育青年参与博物馆志愿服务，扩大博物馆的社会基础，为博物馆志愿服务事业的发展创造更加良好的条件，促进志愿服务事业的潜在作用和贡献得到充分的认识和发挥。论坛通过了《全球博物馆志愿者开放论坛倡议》，呼吁要以国际视界、时代要求、科学理念、勇于实践的精神，加强交流，勇于创新，共求进步，不断拓展博物馆志愿者内涵和外延，使博物馆志愿者真正成为倾心奉献、服务社会，践行志愿精神，担当历史使命，传承人类文明，推动社会和谐的具有特殊意义与价值的“文明使者”[①]。

博物馆志愿者的实践证明，除了涉及博物馆藏品安全以及博物馆人事、财务等内部管理的一些工作之外，博物馆其他各个部门都可以使用志愿者。宁波博物馆迄今已有近600名注册志愿者，该馆对志愿者统一进行礼仪、技能、专业等全方位培训，提高志愿者的综合素质。对于志愿者的使用，不是简单地安排讲解、清扫等项工作，而是将志愿者工作岗位分为日常、辅助和特殊三大类，在日常

① 刘修兵:《“全球博物馆志愿者开放论坛”举办》，载《中国文化报》，2010-11-09(1)。

岗位中细分为日常讲解和大厅服务两项；在辅助岗位中细分为摄影和文书处理两项；在特殊岗位中细分为档案管理、办公室协助和大型活动协助三项。

如今，在美国的博物馆界，活跃着数十万名志愿者服务人员，一些美国博物馆内的志愿者约为正式员工的3倍。社会公众普遍认为，到博物馆开展志愿服务，也是对博物馆进行捐助的有效做法。大部分博物馆都设有志愿者办公室，专门负责招募训练志愿者服务人员。美国博物馆志愿者的管理规范标准高，其征募工作实行长期与定期相结合，公告与行业协会推荐相结合的办法。录用标准越来越高，特别是各大博物馆，候补者多、录用难，一经录用，被录者顿觉无比荣耀，十分珍惜，因此队伍稳定，替补不易，日常管理主要是志愿者自行管理。

志愿者对博物馆的生存与发展至关重要。在日本，志愿者制度是博物馆与所在地区进行合作的代表性制度。博物馆拥有大量志愿者，这些志愿者有公司职员、家庭主妇和大学生等。博物馆与志愿者之间关系表现在双方的互惠互赢，即志愿者们的基本想法是，以终生学习的精神不断提高自身的修养，为社会做出微薄的贡献，而博物馆也能够借此提高对外展示能力。博物馆根据志愿者的个人意愿安排工作内容。为给更多的人提供机会，日本江户东京博物馆规定志愿者“任期”不超过三年[①]。

我国港台地区博物馆志愿者的探索与实践相对较早，如今志愿者服务已经得到有系统、有组织、有规章的稳步开展。虽然志愿者均是指具有一定的专业技能，热心社会服务和公益事业，以招聘方式自愿参加志愿服务工作的人士，但是，台湾博物馆界一些学者将

① 黄汉青:《日本博物馆的兴旺》，载《北京日报》，2009-05-15（14）。

志愿者分为“义工”和“志工”两类。义务服务人员一般称为“义工”，志愿服务人员一般称为“志工”，其差异主要在于，“志工”是志愿工作，是主观愿望所为，是属于道德范畴，没有强制约束力；“义工”是义务工作，是责任限定所为，是属于法律体系，具有一定约束力。在服务界限上，志工是无界限的，而义工是有责任限定的，义务与权利对应。因此，志工比义工具有更高的心理动机[①]。

两岸志愿者座谈会

台湾地区2001年颁布的《志愿服务法》对志愿服务的定义为：“民众出于自由意志，非基于个人义务或法律责任，秉诚心以知识、体能、劳力、经验、技术、时间等贡献社会，不以获取报酬为目的，以提高公共事务效能及增进社会公益所为之各项辅助性服务。”台北故宫博物院1989年率先组织志愿者培训，每年对志工推出近百场的培训课程。台中自然博物馆拥有一支1160人的志工队伍，该馆有包

① 楼锡祜：《博物馆志愿者中的义工和志工》，载《中国文物报》，2010-01-13（6）。

括志工征募对象、征募步骤、工作内容及范围、服务时间、奖励措施、志工福利及保障等一整套管理规范。

志愿者不仅可以将博物馆与社区很好地联系起来，而且同时可以为博物馆的发展提供各种帮助和支持。多年来，志愿者秉承“服务社会，提升自我”的宗旨，义务为来自世界各地的观众提供志愿服务，范围涉及到多语种讲解和翻译、观众疏导、活动策划、问卷调查、文字录入等各个方面，形成和谐有序而又充满活力的工作氛围，但是目前就整体而言，对于志愿者队伍的建设缺乏有效的引导和整体的规划，志愿者人数与博物馆发展需求相比仍然严重匮乏，社会民众对于博物馆志愿者的概念和职责仍然陌生，志愿者在社会上还不能得到充分的尊重和有力的支持。

如今，志愿者服务是当代博物馆社会化的显著表征。但是，纵观我国博物馆的志愿者工作，目前还有不少亟待解决的问题，存在起步晚、队伍新、基础差、整体水平不高的现状。例如博物馆志愿者工作的开展还很不平衡，大部分博物馆这项工作还是空白；志愿者来源单一，年龄结构单一，不少博物馆的志愿者或主要由退休人员组成，年龄偏大，或主要由在校学生组成，年龄偏低；志愿者服务岗位单一，博物馆为志愿者提供的岗位主要局限在讲解、导览等岗位，既不利于志愿者的能力培养，也不利于志愿者的队伍稳定。

同时，许多博物馆的志愿者队伍主要由在校大学生组成，流动性较大，缺乏稳定性，不利于对志愿者的专业培训，也不利于保持志愿者服务的水平；志愿者的专业能力欠缺，许多博物馆对志愿者重使用轻培养，不愿意为志愿者提供学习和培训的机会，把志愿者服务看作免费的午餐，舍不得投入，其结果既挫伤了志愿者的积极性，也不利于博物馆服务水平的提高；志愿者自行管理机制不健全，主要依靠博物馆正式员工实施管理，缺少激励机制，措施不多，管理粗放；博物馆管理者对志愿者工作的认识、重视与支持不够，缺少人文关怀，缺乏统一、规范的引导、管理和保障。

我国的博物馆志愿者尽管有了较快发展，但是从绝大多数博物馆志愿者章程和实际工作开展情况来看，目前志愿者服务内容还多是集中在宣传教育特别是义务讲解方面。博物馆志愿者的服务内容应当主要围绕博物馆的职能和日常工作开展。例如博物馆参观接待和讲解，包括为前来参观博物馆的公众提供路线引导、馆情介绍、展览讲解等，使公众对本馆的社会职能、馆舍分布、服务范围、陈列展览等有清晰的了解；环境整理，包括博物馆展厅等环境卫生清洁保洁等；观众活动支持，包括协助博物馆进行讲座、展览等活动的策划、人员联络组织、新闻宣传等；观众咨询，包括为到馆以及通过服务电话等方式进行博物馆服务职责、文物信息、展览信息等相关内容咨询的观众提供帮助。

志愿者服务内容还包括更多方面，例如残障人士服务，包括协助到博物馆的残障人士进行参观、信息咨询等服务；社会调查，包括协助博物馆开展观众调查工作，了解观众对展览内容、种类的需求，以及对博物馆建设和服务的意见、建议，搜集反馈展览、讲座、文物收藏等信息，使博物馆能及时了解，适时引进相关展览、讲座以及进行民间文物征集等。另外，对于一些在自己的工作领域有所建树，并愿意利用自身专长为观众提供更深层次服务的志愿者，只要具备相关的行业知识、经验、兴趣和热忱，博物馆可以让志愿者协助承担科研课题研究等有较高要求的业务工作和观众服务工作[①]。

博物馆志愿者除了有相对固定的余暇时间，还有较高的文化层

① 王清珍：《浅谈博物馆的志愿者服务》，载《中国文物报》，2010-12-15（7）。

次和一定的表达能力。志愿者不仅是难得的人力资源，而且是重要的智力资源。志愿者的人力资源，可以适当弥补博物馆员工的不足，乃至减少正式工作人员，从而扩大运营范围，降低运营成本。志愿者的智力资源，使博物馆的各项工作开展得更为出色，更有效益，提高服务水平。志愿者对社会的最大影响是转变社会的风气，在全社会树立起关心公益、以奉献为荣的良好社会风尚。博物馆员工也可以从志愿者身上学到无私奉献的精神，受到感染和激励，甚至感到压力，从而促进工作效率和工作作风的转变。

“薪火相传——中国文化遗产保护年度杰出人物”评选活动，是经国家文物局批准，由中国文物保护基金会主办的全国性的文化遗产保护杰出人物评选活动，作为固定的连续性活动，于每年6月的中国文化遗产日期间推出。举办该活动的目的，是为了调动社会各界积极因素，通过推举各行各业为保护和传承文化遗产做出杰出贡献的人士，宣传他们的感人事迹，阐述他们保护文化遗产行为的巨大价值，弘扬他们的历史责任感和无私奉献的高尚精神，并以他们为榜样，进一步增强社会公众的文化遗产保护意识，提高全社会支持和公众参与文物博物馆事业的积极性。

在第二届“薪火相传——中国文化遗产保护年度杰出人物”颁奖会上，将流失海外珍贵文物呵护回家的功臣集体邓芳团队荣获“十大杰出人物”称号。2006年年初，邓芳等人从国外一些销售网站上赫然发现了一批中国汉代陶俑。根据他们的学识和参观博物馆的经验，认为这批陶俑可能是从汉阳陵一带被盗掘走私出境。但是他们深知，从地下盗掘出去的文物，因为没有档案记录，很难通过法律途径追索，最有效的办法就是通过民间筹款的方式购得文物，然后捐送回国内。为此，他们先买了几件样品进行测试检验，又与国内专家反复研究，确认是真品，才下决心购买。

薪火相传——中国文化遗产保护年度杰出人物颁奖典礼

邓芳团队由 15 人组成，其中 12 位生活、工作在美国和加拿大，3 位在国内。他们大多是 20 世纪 80 年代以后大学毕业的青年才俊。为筹款，邓芳向同学、好友发出了倡议书。要“尽匹夫之责，送国宝回家！”正如邓芳《天若有情天亦老》一文所言：面对陶俑的身姿，看到了自己身形，“我们不正是一把黄土塑成的吗？千千万万个你和我，千千万万的陶俑，前身即此身，此身乃前身，更有同一颗从没有变过的心，那颗可鉴日月的中国心”。在 15 位人士的共同努力下，31 件精美绝伦的汉代陶俑很快便回到了祖国，现永久珍藏于陕西汉阳陵博物馆。

2007 年的 5 月 18 日是国际博物馆界第 31 个国际博物馆日。中央电视台联合制作推出“中国记忆——文化遗产博览月”大型电视媒体宣传活动，不少地方政府、宣传文化单位都参与其中。中央电视台直播4小时专题节目，内容包括故宫与克里姆林宫的文明对话，沈阳故宫宫廷仪式展演，世界四大博物馆的介绍，以及国家文物局推荐的10个博物馆的展示。使国际博物馆日由一个单纯的行业节日，变为全社会广泛参与的文化节日。近年来，国际博物馆日宣传活动的内容更由博物馆层面扩展到历史文化、历史传统层面，由国内扩展到国外，由展示层面扩展到解读对话层面，受到广大受众的欢迎。